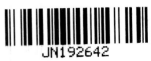

経営学史学会編

〔第二十五輯〕

経営学史研究の挑戦

文眞堂

巻頭の言

経営学史学会第9期理事長　勝　部　伸　夫

経営学史学会第25回全国大会は，統一論題に「経営学史研究の挑戦」というテーマを掲げ，青森中央学院大学において5月26日，27日，28日の3日間開催された。

青森中央学院大学は全国で唯一の経営法学部を擁する独自色のある大学で，その建学の精神は校歌で歌われている「愛あれ，知恵あれ，真実あれ」に示されている。今回の青森での大会は全国から多くの会員に参加頂き，盛会のうちに終了することができた。これも周到な準備のもとに，おもてなしの気持ちで終始対応して頂いた小松原聡実行委員長をはじめとする実行委員会の先生方，学生スタッフの皆さんのお陰である。この場をお借りして衷心より御礼申し上げたい。

さて今大会の統一論題は「経営学史研究の挑戦」というタイトルが掲げられていた。過去2回の統一論題で取り上げられたテーマは，第23回大会が「経営学の批判力と構想力」，第24回大会が「経営学史研究の興亡」となっており，今回をふくめて第8期の運営委員会が担当された3回はいずれも，経営学史研究の意義を一貫して問おうとされるものであった。今回の「経営学史研究の挑戦」という意味は，経営学史による「実践への挑戦」と「実証研究への挑戦」である。具体的には経営学史研究が，経営の実践性に対して如何なる貢献ができるのか，実証研究に対して何が発信できるのか，を問おうとする試みである。

まずサブ・テーマⅠの「実践への挑戦」であるが，歴史ベースの経営学史研究が経営実践にどう寄与できるのかの問題は，そもそも経営学が経営の現場における経営実践と密接不可分の形で生成発展してきたことを考えると，経営学史研究においても避けて通れない問題であろう。また経営理論の実践性は，その成果を広く社会に普及・浸透させるという観点からみると，経営教育とも重なってくる問題である。そのため，すでに第16回大会において「経営理論と実践」というタイトルで取り上げられている。この問題はそれだけ経営学研究者にとっては大きな課題である。これに対してサブ・テーマⅡの「実証研究への挑戦」は，近年経営学研究者の間に急速に広まってきている統計を用いた研究手法に対して，経営学史研究はどういう立ち位置で臨むのかを問うものだといってよい。これまでの経営学史学会の報告では取り上げられなかったテーマであるが，経営学全体では実証系の研究が次第にその割合を伸ばしてきていることを考えると，こうした研究の台頭が経営学において，あるいはもっと広くとれば社会科学という分野において一体どういう意味を持っているのかを学史研究者は問わざるを得なくなったのである。経営学史自身が「挑戦」を受けているとも言えよう。

本書には統一論題の各サブ・テーマに2本ずつ計4編の論考が収められている。いずれのテーマも学史研究においては上記の通り重要な論点をなす。それにどう答えようとしたのか，是非ご一読頂きたい。また自由論題は6編の報告があり，そのうち2編が収められている。

ところで経営学史学会は創立25周年を無事迎えることができた。書架に並ぶ本学会の年報はすでにそれなりのボリュームになってきており，四半世紀の重みをひしひしと感じる。各年報の背表紙とそこに刻まれたタイトルを眺めているだけで本学会がこれまで何を問題として取り組んできたのかその歴史をはっきりと見て取ることができる。本学会の諸先輩が研究に真摯に取り組んできた軌跡がまさにこの年報ということになるが，これから急速な人口減社会に突入する中で，この学会がそういう社会情勢とまったく無縁でいられる保証はない。しかし，そうであればこそ充実した研究を重ねていくことが学会の永続のために何より求められていることも確かである。そしてこうした立派な年報を出し続けることができているのも，文眞堂3代目社長の前野隆氏，そして編集でお世話になっている前野眞司氏をはじめとする同社の皆さんのご尽力の賜である。ここに記して感謝申し上げたい。

目　次

第Ⅰ部
趣旨説明

経営学史研究の挑戦

第8期運営委員会

第25回全国大会の統一論題は「経営学史研究の挑戦」として，そのもとに，2つのサブ・テーマ，「経営学史研究にみる実践への挑戦：経営学の“実践性”」，「経営学史研究から実証研究への挑戦：経営学における“有用性”」を設けた。その趣意は以下の通りである。

本学会においては，常に，「経営学とはいかなる学問であるのか」，「経営学史研究は，何のために存在するのか」が問われ続けてきた。その際，ほぼ必ず，経営の現実世界そして経営実践との関わりが論じられた。今までの本学会年報を通読すれば，この課題に対する切実な問題意識と解明への真摯な試みの蓄積を辿れる。それにも関わらず，経営学史研究と経営の現実世界，経営実践との間の相互関連・相互浸透が必ずしも充分ではないという“焦燥”も本学会において共有されている。統一論題において，こういった問題が“経営学史研究の危機”として取り上げられ続けるのは，その証左である。

経営学はその成立以来，現実世界の経営が直面する課題に応えるという実践理論科学の性格を強く持つが，経営学史研究は，その現実の経営実践に対して，いかなる貢献をなし得てきたのか。

経営学は，現実世界の企業，協働体系を巡って生じる諸課題を解決し，実践に資する提言を示している。しかし，理論ないし学問と実践との間には懸隔が生じ易いのは否定しがたい。理論ないし学問と実践に相互浸透の可能性はあるのか，どのように相互浸透を図れるのか。まして経営学史は，経営学が映し出す経営の現実世界を対象とせざるを得ず，理論と実践の間の架橋となるのは一層困難と言える。さらに，経営学は，1970年代以降，現実の経営世界の多様化の進行とともに，現象記述研究への傾斜が顕著となり，経営学を対象規定のみとする領域科学と解するようになり，確率・統計に基づく実証研究が主流になってきた。こうした傾向を鑑みると，歴史研究に基盤を置く経営学史研究がその存在意義を問われることは当然である。

第23回大会から引き継いだわれわれ第8期は，経営学史そのものを取り上げて，第23回大会では「経営学の批判力と構想力」を，第24回大会では「経営学史研究の興亡」の統一論題を設定し，経営学史研究の意義を求めてきた。そしてわれわれは，一つの区切りを迎える第25回大会において，統一論題として「経営学史研究の挑戦」を設定する。

それは，経営学と経営学史研究における理論と実践との関係性や架橋可能性をめぐる議論を洗い直し，経営学史，あるいは経営学の原理的研究が経営の現実世界と実践に対する基礎づけを成し得る可能性を明らかにし，さらには経営学史研究それ自体を鍛え直すための方向性を導き出すことにある。

なお，これまでの統一論題では，経営学史もしくは学史研究という軸から，経営の現実世界あるいは経営実践を見てきたといえる。しかし，第25回大会での統一論題「経営学史研究の挑戦」を取り上げるに際しては，その逆の接近，すなわち，経営の現実世界，経営実践という軸に立って経営学史研究を捉え，何を解明でき，何が課題となるのか，という接近方法をとり，挑戦を行う。そのために，次の2つのサブ・テーマを掲げる。

サブ・テーマⅠ　〈経営学史研究にみる実践への挑戦：経営学の“実践性”〉

経営学史研究は，これまでのさまざまな理論や思想が経営実践そのものや，実践に結びつく教育に影響を与え，また実践からも影響を受けてきた歴史的展開を俯瞰することで，実践と向き合っている。それによって，将来的な経営の在りようを見定め，形成していくところに存在意義をもつ。そうした学史研究が，経営の実践に対して，いかなる貢献ができるのか，その独創性はどこにあるのか，を明らかにする。

サブ・テーマⅡ　〈経営学史研究から実証研究への挑戦：経営学における“有用性”〉

近年，統計を用いた実証分析が世界的な主流になりつつある。ただ，実証的研究も多様である。では，経営学史は実証的研究に対して，何を発信できるのか。経営学史研究や経営学の原理的研究もまた，経営の現実世界に向き合っている。その点を踏まえて，学史研究の独自性・独創性がどこにあるのかを明らかにする。

第Ⅱ部
経営学史研究の挑戦

1　経営学史研究の挑戦
――その持つ意味――

吉　原　正　彦

Ⅰ．はじめに

今日，経営の現実世界は，ますます拡大化と多様化の激しい様相を呈している。それに沿うかのごとく，経営学は，眼前の現象記述研究への傾斜が顕著となり，他の社会科学と同じように，確率・統計に基づく実証研究が主流を占めるようになっている。さらに，経営学を対象規定による「領域学」とする考え方まで現れ，その領域内なら「なんでもあり」とも受け取られかねない。

こうした経営学の現状を考えると，山本安次郎が常々強調された「経営学は『経営の学』である」との言葉が思い出され，経営学史研究の存在意義が問われざるを得ない。なぜならば，経営学史研究は，経営の「学」の基盤となる時代の思想性に基づき，経営の存在論的地平を歴史的に求めて現実の経営世界の意味を問い続け，その積み重ねとして現在の経営学が在るからである。

そこで，1993 年に創立した経営学史学会は，四半世紀の歴史を重ねて一つの区切りを迎えた本大会の統一論題を，「経営学史研究の挑戦」とした。それは，経営学にとって「経営の学」の歴史研究は必要ないのか，もしあるとすれば，何処に，如何なる意義があるのか，を問うことを目的とするものである。

経営学は，これまで，その時代，その社会の要請に応えるべく，「実践の理論性」と「理論の実践性」という実践と理論との関連性を追究してきた。経営の「学」も，村田晴夫が「経営学における科学的方法の展開は，哲学者による科学とは何かという議論と並行している」（1993，150頁）と述べているように，社会科学として，その時代とその文明に意味を持つ科学観に基づいて展開してきたのではなかろうか。

そこで本論文では，科学観の変遷との関連で，経営の「学」がどのように進展してきたのかを明らかにする。その際，経営学の歴史を科学観との関連で追うにはドイツ経営学が望ましいが，筆者の専攻からアメリカ経営学を素材にして，経営学史研究が挑戦すべきものは何か，を示してみたい[1)]。

Ⅱ．経営学の成立と近代科学

1．テイラーの科学的管理とデカルトの方法

アメリカ経営学の成立はF. W. テイラーの科学的管理法に求められるが，「管理とは何か」の飽くなき探究をしている三戸公は，「アメリカ管理学をテイラーによって大きく基礎を据えられた科学的管理であり，その後の一切の発展はその枠内のものである」と断定する（2012，87頁）。そして氏は，テイラー以降の経営学（管理学）の研究を，テイラーが目指す精神革命の〈経験から科学へ〉と〈対立から協調へ〉の二本の柱に基づき，「主流」と「本流」という独特の観点から捉える。端的に言えば，「主流」は「経営の科学化」であり，「本流」は「経営の哲学化」である。

「経営の科学化」である「主流の研究は，科学の特徴に従がって対象を限定し・細分化し・専門化し，そして対象把握の方法を限定し厳密にして限りなく進む。そして対象を構成する要素を分解し，次々に新たな要素を科学の対象とし，新たな方法を生み出しつつ成果をあげ，その成果は技術として対象化し物化し，合目的的な結果を着実にあげてゆく」（2002，6頁）立場であり，人間関係論，モチベーション論，サイモンの流れである。

他方，「経営の哲学化」である「本流」は，「管理とは何かの理論を，理論自体として構築する。そして，何をなすべきか，為すべきでないか，さらにいかにあるべきかの規範を規範として論じ，規範と理論の統合物として技術を求める」（25頁）立場であり，フォレット，バーナード，ドラッカーの流れである。そして三戸は，経営学が実践と理論の絡み合いの中で生成，発展

してきたことを踏まえ，「実践に不可欠の規範こそ，経営学にとって不可欠なものではないか，そして，いかなる規範を掲げ実践するかは，更に重要なことである」（2013，19 頁）と「本流」の立場に立ち，「経営の科学化」を批判の対象とする。なぜならば，実践は価値，規範の問題を離れてはありえないが，三戸が捉える科学的接近のもとでの経営学は，価値，規範を扱わず，また語りえないゆえに，価値，規範を扱いうる哲学的接近が求められるからである。

そこで，筆者が最初に述べた科学観に関する問題提起に基づき，テイラーの科学的管理法における「主流」である「経営の科学化」の方法論に注目してみよう。

テイラーは，動作研究，時間研究によって，作業を諸要素に細かく分け，各要素の時間を個別に計測し，計測したものを集め，作業に要する時間を算出して作業の科学を構築した（1911）。このテイラーの作業科学における方法は，R. デカルトの科学的方法と軌を同じくしている。

17 世紀に成立した近代科学を促したのは，アリストテレスの有機体的自然観の根本転換を図った G. ガリレオ，そしてデカルトによる物心二元論に基づく機械論的自然観である。機械論的自然観は，方法的には要素主義による分析的思考方法であり，デカルトは，理性主義に基づく方法の探究から，明証，分析，総合，枚挙という四原則を導き出し，それを科学の方法としている（1637，翻訳書，29–30 頁）。

このように，テイラーの「経営の科学化」は，近代科学の特徴である機械論に基づく要素論的方法主義に立つものであり，近代科学の発展とともに，その後の経営学はその科学的方法を徹底していくことになる。その象徴は H. A. サイモンであり，それを方法的に支えているのは論理実証主義である。

2．サイモンの意思決定論と論理実証主義

サイモンのノーベル賞の対象理由は，「経営における意思決定過程の先駆的研究」である。彼の意思決定論は手段と目的の連鎖関係の合理性に焦点を置き，意思決定の合理性を「限定された合理性」として捉え，彼がその制約を克服すべく，認知科学，人工知能研究へと探究していったことは，周知の

通りである。

サイモンの意思決定論の特徴は，意思決定の事実的側面と価値的側面から価値的側面を排除したことである。彼は，科学を理論科学と実践科学に分け，実践科学において，当為，倫理的な内容について仮定という形で示せば，科学的命題として真偽の検証ができるとし，目的を所与として，所与の目的と手段の関係を科学の対象としたのである（1947, 1997, pp. 356-357, 翻訳書，549-551 頁）。サイモンは，手続き合理性の追究によって経営学を実践科学としたが，そこで用いられる概念枠組み構築の方法的基盤を論理実証主義に求めている。

17 世紀に成立した近代科学の方法は，19 世紀に仮説演繹法によって確立し，そして 1920 年代末に「科学知識の認識論的基盤を再検討する必要から」生まれたのが，O. ノイラートや R. カルナップを中心とするウィーン学団による論理実証主義であり，それは二つの柱からなる（野家 2007）。

第一の柱は，デカルトの物心二元論を否定し，世界を構成しているのは「物」ではなく「感性的要素」であり，「感覚的経験による実証」を主張する。このことは，形而上学を排除し，有意味な命題は経験的手続きにより検証可能であるとして「意味の検証可能性」を提唱し，公理主義と演繹による検証主義を示している。第二の柱は，すべての科学を一つの方法で統一しようとする「統一科学」である。それは，歴史主義を否定し，物理学の方法を基盤とする還元主義の思想に立ち，全体は部分から構成されているものとして，分析論理によって全体を捉えようとする機械論的立場である。

サイモンは，この機械論に基づく論理実証主義の立場に立つゆえに，意思決定における事実と価値を区別して，事実的側面のみによって意思決定の科学を構築する。なぜならば，価値の問題は映し出す対象がなく，「価値や規範の客観的妥当性は，…経験的に検証可能でもなく経験的言明から演繹可能でもない」（Carnap 1932，翻訳書，28 頁）ゆえに，形而上学の問題として排除される。そして歴史主義を否定するサイモンが，意思決定を過去と未来を切り離した現在に焦点を当てていることは容易に理解される。

さらに，論理実証主義を超えようとした K. ポパーの批判的合理主義は，命題の有意味性に関する論理実証主義者の検証理論を退け，科学と非科学を区別する基準として反証可能性を提唱する。彼は，論理実証主義の基本的前提である観察から帰納法による仮説の設定を否定し，問題から出発し，そこから仮説を提起し，演繹主義による反証こそが重要となり，「推測と反駁」の連鎖として科学研究を捉えている（1972）。

これら論理実証主義や批判的合理主義を方法論的基盤とし，そこに統計学の発展が加わり，実証研究の隆盛をみることになる。統計学の立場からは，統計手法や数量化の持つ意味に対して慎重な検討を要するとの指摘があるが（竹内 2010），今日の経営学において歴史研究よりも実証研究が盛んなのは，統計学が実証科学の有用な道具となっている証左であり，文字通り，「経営の科学化」が経営学の「主流」となっていることは否定できない。

このような近代科学に基づく「経営の科学化」の精緻化と徹底化に対して，経営の現実世界を重視する立場から異論があることは，三戸の経営学史を「主流」と「本流」に分けることからも理解できる。科学の精緻化は「組織とそのメンバーの社会的価値から乖離・矛盾する危険性を孕みつつ，組織という全体性が優越し，その中に組織メンバーたる諸個人が包摂されるという，『閉じられた人間協働』という事態をもたらす論理がその中心を占めることになった」との藤沼司の指摘は，近代科学に基礎を置く経営学への問題提起と言える（2015，92 頁）。

他方において，「経営の科学化」では経営の現実を汲みつくせぬゆえに，「経営の哲学化」の一層の必要性が指摘されている。例えば，批判的合理主義の立場の菊澤研宗は，「学問の不条理」に陥らないために，「経営学を経験科学に留まるのではなく，経営哲学としての経営学も補完的に積極的に展開するような総合的な学問であるべき」（2012，62-63 頁）として，経営哲学で「補完」する綜合学としての経営学を主張する立場である。

しかし，科学は決して不変ではない。われわれは，1970 年代からの近代科学の根本的転換を迫る新科学哲学の潮流を見逃してはならず，それゆえ，「経営の科学化」の「科学化」の内実が問われ，経営の「学」もまた問われることになる。

Ⅲ．新たな科学観と「経営の学」の探究

1．近代科学の転換を求める新たな科学哲学

近代科学の方向転換を促す分水嶺となったのは，T. S. クーンの『科学革命の構造』(1962) である。しかし，そこで示されたパラダイム概念が多義であることから様々な批判を受け，その後のクーンは，パラダイムの用語を撤回することになるが，パラダイム論までも放棄は決してしていない。

クーンは，K. S. ハンソンの「理論負荷性」を踏まえ，科学の歴史は累積による漸進ではなく非連続の過程であり，大小を問わない「科学革命」が繰り返されて科学は発展すると，主張する。ここにいう「科学革命」とは，「科学者共同体が，それまで重んじられてきた一つの世界観と科学探究法を捨てて，その学問規律 (discipline) とは通常相容れないような他の接近方法を選ぶ」(1977, p. 226，翻訳書，283 頁) という「パラダイムの転換」であり，その後に展開される新科学哲学の核と言える。

彼のパラダイム論の萌芽は，処女作『コペルニクス革命』にみることができる。しかし，そこで用いられている用語は，意味が同じであるが「パラダイム」ではなく，「概念枠組み」(conceptual scheme) である。この概念枠組みは，具体的な研究の指針であるとともに知識を組織化する世界観的枠組みでもある，という両義性を有し，概念枠組みが世界観を映し出していることに注目しなければならない。

この「概念枠組み」の用語は，クーンがハーバード大学で教えを受けた W. V. O. クワインによってすでに用いられている。クワインは，分析的真理／総合的真理の二分法と還元主義を二つのドグマとして近代科学を批判し，新たな科学観の方向性を示している。その彼が連続主義に立ち，「科学という概念枠組み」と表現して，人々による「存在論の意見の相違は概念枠組みの根本的相違を巻き込んでいる」(1953，翻訳書，23 頁) として，「存在論は科学そのものと一体であって，それから切り離すことはできない」との E. マイヤーソンの言葉を引用しつつ (70 頁)，科学研究において「なにがあるのか」という存在論を重視している[2)]。

さらに，クワインの指導教授であったA. N. ホワイトヘッドも，表現は異なるが，「科学は，二つの秩序だった経験の出会いによって形成される。一つの秩序は，個々の観察の直接的，即時的な識別によって構成される。もう一つの秩序は，われわれが宇宙を考える一般的な方法によって構成されている」と述べている（1933, p. 198，翻訳書，210–211頁）。

ここでは，クーンから遡ってハーバードを舞台にした科学観に対する見解を示したが，世界観や存在論そのものを突き詰めることが哲学の問題であることは承知している。しかし，「なにがあるのか」という存在を明らかにすることなくして科学の概念枠組みの構築はないのであり，クワインのように，哲学と科学との境界線は曖昧となり，むしろ双方は連続的であると解すべきである。こうした近代科学の根本的転換を迫る科学論は，S. トゥールミン，P. ファイヤアーベントらとともに新科学哲学と称せられ，野家啓一は，これを「科学の論理学」から「科学の解釈学」への方向と特徴づけている[3)]。

では，1970年代以降の新科学哲学の潮流を踏まえて，経営という存在が如何に問われ，経営の「学」がどのようになされてきたかをみてみよう。

2．存在論からの「経営の学」の研究

(1)　行為主体としての経営存在

経営存在を問うことは，近代科学の経営学のように，「学」を通して「経営」を構築するのではなく，「経営」を通して「学」を構築することになる。

近代科学が隆盛していた1950年代に，時代に先駆けて経営を存在から説き起こそうと，雑誌『PR』で池内信行と山本安次郎を中心にした論争があった。山本は，「われわれは概念を問題とする前に存在を把握しなければならない」として「…経営の現実から出発し，これを過去を担い未来をはらむ歴史的社会的現実的に従がって円環的に考える」（1961，87-88頁）と経営を「行為主体存在」として明らかにし，自らの経営学を構築している。

山本経営学を継承している小笠原英司は，経営（体）を，行為主体存在として人間存在の全体的営為そのものであり，人間の生を実現する「生活主体」と独自に性格づける。そして，経営（体）という「生活主体」の全体的認識のためには，近代科学という「科学は物事の全体的認識を断念し，

その部分的認識の集成をもって全体性に代替する方法にすぎない」（2004，13 頁）として，「経営の哲学化」の道を求める。このことは三戸の立場に通じるが，小笠原はより雄大な構想から，「経営学理」，「経営存在」，「経営実践」の三つの領域からなる「経営哲学の学術的体系化」を目指し，経営学の科学的接近に対する「もう一つの経営学」を構築している（30 頁）。

庭本佳和も経営を行為主体存在と捉えるが，経営という行為する実践性に経営学の内在的な論理を見出す。すなわち，その実践性を支える学的基盤として，経営学を，過去を内省する歴史の学であり，現前の経営の批判学であり，未来を構想する経営の哲学と性格づける。また認識方法として，近代科学の客観的・対象的理解を超えて，無意識で，身体内で，行動的理解をも統合する行為主体的方法の立場に立つ。そして庭本は，経営存在の捉え方が認識の方法を示し，科学と哲学を組み込んだ「二つで一つの経営学」として「経営（＝行為）の学としての経営学」を主張している（2012，73 頁[4]）。

このように，山本，小笠原，庭本が経営に「なにがあるのか」の存在を問い，経営の世界を行為主体として把握することは，「常に学問の全体構造を意識する研究スタンスが，とりわけ経営学のような研究対象とアプローチが多岐に亘る学問においては特に重要ではないか」とする上林憲雄の指摘に応えるものである（2012，34 頁）。

しかし，そのように明らかにした経験の世界における経営存在が，その認識に向けた概念枠組みにどのように反映されているか，が「経営の科学化」にとってより重要となる。現実の経営はその実践性に特徴があり，とくに経営実践には避けて通ることができない価値の問題がある。その価値の問題を概念枠組みに反映させることができるのか，できないのか，が問われよう。

⑵　経営実践における事実と価値の問題

行為主体としての経営は，過去を背負いながら，未来を創造するために特定の目的を志向する現在的存在である。そこには，事実の問題だけではなく価値の選択の問題があるが，サイモンは，論理実証主義の立場から，当為の問題として価値の問題を科学の対象から排除したこと，既述の通りである。経営学に意思決定概念を最初に導入したC. I. バーナードは意思決定の概念枠組みとして機会主義的側面と道徳的側面を設けて，それを科学としての組織論として構築した（1938）。しかし村田晴夫は，道徳的側面に基づく道徳の創造という未来の創造（規範）を扱う管理論を「科学ではなく，技である」とし，「科学と技を綜合する視点として，ここでは哲学が語られなければならない」とする（1984，130，151頁）。

三戸は，「実践に不可欠の規範こそ，経営学にとって不可欠なものではないか」とし，「経営の科学化」ではなく「経営の哲学化」への道を選んだ[5]。そして山本は，経営を経営実践として経営政策の実践と捉え，経営政策を真の政策と仮言的価値判断を行う方策の二つに分け，方策の問題は実践理論科学の対象とするが，政策の問題を経営政策学として実践理論科学と切り離している（1975，137-140頁）。さらに小笠原も価値の問題を科学的に扱うことは，「実践的理論学をめざす経営学としては隔靴掻痒の感を免れない」ゆえに，経営哲学が「経営実践の主要な領野を占める価値評価と価値判断の問題領域に，可能な限り内観的に踏み込む」（2004，16-17頁）としている。

このように，現実の経営実践では切り離し得ない価値の問題を実践理論科学の領域として取り扱わないのは，M.ウェーバーの「価値自由」とともに近代科学としての科学観がその背景にあるからであろうか。

他方，庭本は，「経営の現実は，価値と事実の領域は完全に融合しており，これを腑分けするのは不可能である」とし，それゆえ，「『価値を内包しない，あるいは価値（的視点）を伴わない（実践）理論はない』という立場を表明」している（2012，77，71頁）。

新科学哲学においては，近代科学を批判するR.ローティは，プラグマティズムの立場から，事実と価値の間には形而上学的にも認識論的にも相違はなく，道徳と科学の間にはいかなる方法論的相違もないとして両者の間の垣根を取り払っている（1982, p. 163，翻訳書，449-450頁）。さらにH.パトナムは，内在的実在論から，事実と価値の二分法を批判し，それぞれの合理的受容可能性の規準を持つことの必要性を求めている（1981，翻訳書，222頁）。

近代科学では，サイモンのように，事実と価値の二分法に基づいて科学を構築していたが，新科学哲学は経営における価値の問題に対する科学的接近への可能性を示していると言える。経営の世界に対して科学的接近がどこまで迫ることができるか，それは，経営の「学」の在り方を問う問題となる。

Ⅳ．むすび

近代科学は,「統一科学」の言葉に象徴されるように，物理学を基礎とした自然科学を手本とし,「社会科学の自然科学化」を求めるものであり，近代経済学はその精緻化に成功した。しかし，経営学においては，近代科学の科学的方法によっては，価値の問題に象徴されるように，現実の経営から汲みつくせぬことがあった。そのことが，経営学の歴史を「経営の科学化」（主流）と「経営の哲学化」（本流）で捉えることになる。

しかし，クーンのパラダイム論を契機とした新科学哲学の潮流は，科学の相対性をもたらし，現実の経営の存在を問い，その問いに基づく経営把握による「学」の形成が求められている。これまでの議論から筆者は，本大会の統一論題「経営学史研究の挑戦」の「挑戦」の意味とは，“科学に対する挑戦”であると考える。この「挑戦」には，二つの意味を込められている。

第一に,「『経営という存在はいったい何なのか』ということを徹底的に問うということが，まず，基本的に問われるべき問題として，共通の認識になっていたほうが良い」（村田 2003, 55 頁）ことになる。しかし，現状は,「共通の認識」以前の経営存在の議論そのものがなされているか，である。第二に，経営の「学」は，経営の存在論的地平を志向し，経営存在を探究することに留まらず，経営存在を科学の概念枠組みに反映させる方法的基盤と一体となっている。そのためには，経営の意味と経営学方法論との関連性如何が問題となり，経営学の歴史研究における「経営の科学化」と「経営の哲学化」の二分法の在り方が問われるのではないか，である。

A. N. ホワイトヘッドの次の言葉をもって，基調論文の「むすび」としたい。

「いかなる科学も，みずからが暗黙に前提にしている無意識の形而上学より確かなものはありえない。個体的な事物は，必ずその環境の一変様であって，そこから分離しては理解しえない。なんらかの形而上学に言及することがなければ，全ての推論は不完全である」（Whitehead 1933, p. 198，翻訳書，210 頁）。

注

1）アメリカ経営学に限定しても，この問題の研究者が多くいることは承知しているが，紙幅の関係から，そして論点を明確にすることから，取り上げる研究者の範囲を限定していることを，予め了承されたい。

2）この「概念枠組み」の用語は，クワインやクーン以前にハーバード大学の科学史講座の最初の担当者であり，C. I. バーナードに方法的基礎を与えたL. J. ヘンダーソンによって用いられている。彼は，科学を，経験の世界における「科学する」という行為の過程と捉え，「分析的で主知的であるよりも適応的である過程」としている（吉原 2006，333-348 頁）。

3）科学の解釈学は，「科学的認識を一回的な歴史的・社会的文脈の中に置き直してその存立基盤をトータルに問題化する」ものである（野家 2013，24 頁）。藤井一弘が，経営学の歴史研究の意義として，その一回的な歴史性と科学との「対話」であると指摘しているのは，クーンの言う自然科学と区別される人間科学における「解釈学的転回」の重要性を意味していると理解される（2017，28 頁）。

4）筆者は，科学的認識レベルのパラダイムと E. フッサールの「生活世界」との関連性を取り上げ，「生活世界」である経営存在を明らかにしない限り，科学としての経営学は真に基礎づけられない，と主張している（2012）。そして他の箇所で，経営を行為主体の形成過程と捉え，A. N. ホワイトヘッドの主体と客体の循環過程を手掛りに，経営存在が環境に“生かされつつ生きる”存在であるとし，その経営と環境との関係性を概念枠組みに結びつけている（2011）。

5）長岡克行は，三戸の主張に対して，近年の社会理論に触れつつ，「規範的問題は必ずしも哲学的接近の専管事項とは言い切れないかもしれない」と指摘している（2003，220 頁）。

参考文献

Barnard, C. I. (1938, 1968), *The Functions of the Executive*, Harvard University Press.（山本安次郎・田杉競・飯野春樹訳『新訳　経営者の役割』ダイヤモンド社，1968 年。）

Carnap, R. (1932), Überwindung der Metaphysik durch Logische Analyse der Sprache, *Erkenntnis*, Vol. II.（永井成男・内田種臣編『カルナップ哲学論集』紀伊國屋書店，2003 年。）

Descartes, R. (1637), *Discours de la Methode.*（落合太郎訳『方法序説』岩波書店，1967 年。）

Kuhn, T. S. (1957), *The Copernican Revolution: Planetary Astronomy in the Development of Western Thought*, Harvard University Press.（常口敬一訳『コペルニクス革命』講談社，1989 年。）

Kuhn, T. S. (1962, 2012), *The Structure of Scientific Revolutions*, 4th ed., University of Chicago Press.（中山茂訳『科学革命の構造』みすず書房，1971 年。）

Kuhn, T. S. (1977), *The Essential Tension: Selected Studies in Scientific Tradition and Change*, The University of Chicago Press.（安孫子誠也・佐野正博訳『本質的緊張（1・2）』みすず書房，1987 年，1992 年。）

Popper, K. R. (1963, 1972), *Conjectures and Refutations: The Growth of Scientific Knowledge*, 4th ed., Routledge & Kegan Paul Ltd.（藤本隆志・石垣壽郎・森博訳『推測と反駁』法政大学出版，2014 年。）

Putnam, H. (1981), *Reason, Truth and History*, Cambridge University Press.（野本和幸・中川大他訳『理性・真理・歴史──内在的実在論の展開──』法政大学出版局，2012 年。）

Putnam, H. (2002), *The Collapse of the Fact/Value Dichotomy and Other Essays*, Harvard University Press.（藤田晋吾・中村正利訳『事実／価値二分法の崩壊』法政大学出版局，2011 年。）

Quine, W. V. O. (1953, 1980), *From a Logical Point of View: 9 Logico-Philosophical Essays*, 2nd ed., revised, Harvard University Press.（飯田隆訳『論理的観点から――論理と哲学をめぐる九章――』勁草書房，1992 年。）

Rorty, R. (1982), *Consequences of Pragmatism*, University of Minnesota Press.（室井尚・吉岡洋他訳『プラグマティズムの帰結』筑摩書房，2014 年。）

Simon, H. A. (1947, 1997), *Administrative Behavior: A Study of Decision-Making Processes in Administrative Organization*, 4th ed., The Free Press.（二村敏子・桑田耕太郎他訳『新版 経営行動――経営組織における意思決定過程の研究――』ダイヤモンド社，2009 年。）

Taylor, F. W. (1911), *The Principles of Scientific management*, Harper & Row.（上野陽一訳編『科学的管理法』産業能率短期大学出版部，1969 年。）

Whitehead, A. N. (1933, 1935), *Adventures of Ideas*, Cambridge University Press.（山本誠作・菱木政晴訳『観念の冒険』松籟社，1982 年。）

小笠原英司（2004），『経営哲学研究序説――経営学的経営哲学の構想――』文眞堂。

上林憲雄（2012），「経営学が構築してきた経営の世界――社会科学としての経営学とその危機――」経営学史学会編『経営学の思想と方法（経営学史学会年報 第 19 輯）』文眞堂。

菊澤研宗（2012），「科学と哲学の綜合学としての経営学」経営学史学会編『経営学の思想と方法（経営学史学会年報 第 19 輯）』文眞堂。

竹内惠行（2010），「現代統計学が二十世紀科学に与えた影響」村田晴夫・吉原正彦編『経営思想研究への討究――学問の新しい形――』文眞堂。

長岡克行（2003），「管理研究の〈主流〉と〈本流〉？――アメリカ経営学 100 年と三戸公著『管理とは何か』――」『東京経大学会誌――経営学――』第 234 号。

庭本佳和（2012），「行為哲学としての経営学の方法」経営学史学会編『経営学の思想と方法（経営学史学会年報 第 19 輯）』文眞堂。

野家啓一（2013），『科学の解釈学』講談社。

藤井一弘（2017），「『歴史学的視点から見た経営学史』試考」経営学史学会編『経営学史研究の興亡（経営学史学会年報 第 24 輯）』文眞堂。

藤沼司（2015），『経営学と文明の転換――知己経営論の系譜とその批判的研究――』文真堂。

三戸公（2002），『管理とは何か』文眞堂。

三戸公（2013），「日本における経営学の貢献と反省――21 世紀を見据えて――」経営学史学会編『経営学の貢献と反省――21 世紀を見据えて――（経営学史学会年報 第 20 輯）』文眞堂。

村田晴夫（1984），『管理の哲学』文眞堂。

村田晴夫（1993），「経営学と『学の世界性』――その学としての成立根拠について――」『桃山学院大学経済経営論集』第 35 巻・第 3 号。

村田晴夫（2003），「経営哲学の意義」経営哲学学会編『経営哲学とは何か』文眞堂。

山本安次郎（1961），『経営学本質論』森山書店。

山本安次郎（1975），『経営学研究方法論』丸善。

吉原正彦（2006），『経営学の新紀元を拓いた思想家たち――1930 年代のハーバードを舞台に――』文眞堂。

吉原正彦（2011），「企業経営の永続性――環境と経営の問題――」日本経営学会編『新たな経営原理の探求』千倉書房。

吉原正彦（2012），「経営学の思想と方法」経営学史学会編『経営学の思想と方法（経営学史学会年報 第 19 輯）』文眞堂。

2　経営学史研究の意義を探って
——実践性との関連で——

梶　脇　裕　二

Ⅰ．はじめに

19世紀後半以降生成してきた現代経営学は，少なくとも経営実践に役立つことを意識して，あるいは役立つということを前提に，学問的な知見を深めてきたといえる。しかし，それが一体どのような役立ち方をして，また実際にそれが役立っているかどうかを議論するとなれば，後述の「厳密性か適切性か？」の問題でみるように，その答えは一様でない。まして，「経営学史研究の実践性」（経営学史学会第25回全国大会統一論題「経営学史研究の挑戦：サブ・テーマⅠ　経営学史研究にみる実践への挑戦」）を問うとなれば，「学史」「歴史」という色合いが現実の経営実践との関わりをよりみえにくくしている節もある。そして一口に経営実践といっても，経営には様々なステイクホルダーが関わっており「誰のために」「何に役立っているのか」，このことを規定しないとそもそも議論は始まらないであろう[1]。

そこで本稿では，経営学史研究の意義を実践性との関連で検討するにあたり，まずⅡにおいて「実践」という言葉が意味するものをプラグマティズムから原理的に掘り起こし，それをもとにプロフェショナルの学習プロセスを「実践」と規定してみる。それにつづけてⅢでは経営学史研究の一般的な役割と，Ⅱで規定した実践に対する貢献を，隣接分野の経済学史研究の見解などを参考にしつつ，具体的に明らかにしていく。それをふまえⅣでは，近年みられる歴史分析と組織研究との融合がもたらす経営学史研究の今後の可能性や課題についても理解を深めていきたい。

Ⅱ．実践が意味するもの

1．プラグマティズムにみる「実践」とは

一般に「実践」とは，なんらかの行動や行為によって目的を果たすことといえる。当然のことながら個々の目的においては様々なものが想定され，それを達成するための各行動・行為も多様に存在する。ただ，少なくとも目的が行動や行為を通じて実現されるなら，この行動・行為は「内部の特定の与件を駆使することで」（大澤 1998，1591 頁）具体化されている。つまり，実践においてはこの特定の与件＝方法に重きがおかれ，古典的プラグマティズムではそれが真理論にまで及んでいた。

たとえば，C. S. Peirce はある信念に対する懐疑を知的探究の方法によって更新し続けることで，無限の過程の果てにある最終的信念（＝真理）を仮定できると考えていた。つまり，真理が探究過程とともにあるということを意識していた（Hartshorne and Weiss 1965, p. 268ff.，翻訳書，99 頁以下；伊藤 2016，46 頁以下）。その際最も妥当な探究の方法が，科学的探究の共同作業であった（Hartshorne and Weiss 1965, p. 242ff.，翻訳書，70 頁以下；伊藤 2016，60–62 頁）。そして W. James はこの Peirce の科学的探究を超えて，日常の知的活動のなかの探究（経験）にまで真理条件を拡大し，その経験が実際に有用であることが真理だと大胆に主張した（James 1987, pp. 574–575，翻訳書，148–149 頁；伊藤 2016，70–78 頁）。

こうした古典的プラグマティズムに対しては様々な意見がこれまで出されてきたが，認識における実際の探究過程を重視してきた点はプラグマティズムの伝統にあるものと考えられる。ではこの探究とは何か。J. Dewey に基づいていいかえると，それは「秩序化された手段で不確定な状況を確定した状況に転化させる」（Dewey 1938, pp. 104–105，翻訳書，110 頁；伊藤 2016，104 頁）ことだといえよう。したがって，プラグマティズムからみる「実践」とは，Dewey や Peirce の考えを敷衍すると，「科学的な知見によって保証される方法を通じて，現象の不確実な状況を整理して定式化すること」だといえる。

2．「厳密性か適切性か？」をめぐる議論のなかで

周知のように，D. Schön は現代社会でこうした意味の「実践」がもっとも求められるのが，プロフェッショナルであると主張した（Schön 1983, p. 3，翻訳書，3頁）。かれによると，プロフェッショナルとは，社会の進展のために「問題を定義づけ，解決してくれる人々」（Schön 1983, pp. 3–4，翻訳書，3頁）のことであり，かれらは専門知識を駆使して社会の安寧や発展に寄与していく。こうしたプロフェッショナル志向の高まりは，Schön によると，実証主義の興隆とともにある。そこでは経験的に確定される科学理論を目的＝手段関係に転化し，行動の指針（将来予測）を引き出すことができるとされた（Schön 1983, p. 34，翻訳書，34頁）。つまり，洗練された科学理論を技術的問題に応用して最大の成果を得ようとする「技術的合理性」が19世紀後半から20世紀初頭にかけて勢いを増すことになる。

ところが，1960年代以降不確実性の時代に突入すると，この技術的合理性を追求して科学理論をいくら厳密に深めていっても，複雑化する現実世界の問題に「技術的合理性モデル」（それに基づく解決手段）が適切に対応できなくなっていった。Schön はこのことを「厳密性か適切性か？」をめぐるディレンマとして問題にした（Schön 1983, p. 42，翻訳書，42頁）。この問題が提起されて以降，様々な意見が出されてきており，「経営学が現実の経営に役立つか」という問題も，まさにこの「厳密性か適切性か？」の問題として今日においても継続的に議論されている[2)]。

ドイツでも様々な側面から「厳密性か適切性か？」の問題にアプローチがなされてきた（梶脇 2013）。とくに実践概念との関連でいえば，たとえば，D. Geiger は実践ベース・アプローチが興隆してきた組織研究において，その対象とすべき「実践とは何か」をあらためて規定している（Geiger 2009）。Geiger は，組織研究の対象を諸規範・諸価値が生み出す集合的パターンにおくべきであるとし，それにより組織生活の内面部分や抑圧的な要素の解明が進むととらえていた。すなわち，組織研究では「活動・プロセスとしての実践」よりもむしろ，「認識的・規範的概念としての実践」に重点がおかれると Geiger は考えていた。

その際，Geiger は通常の「認識的・規範的概念としての実践」のなかに

は内省プロセスが含まれないとして，これに追加的な領域（ディスコース領域）を挿入した実践概念を再構築した（梶脇 2013，192 頁）。こうして，既存の価値や規範を再考する内省プロセスを経て新たな価値が生起される。それにより社会のなかの不確実性・複雑性が低減し，秩序が安定する。このことが Geiger においては広い意味での「実践」とされたのである。すなわち Geiger も認識していたように（Geiger 2009, S. 198），かれが追加的なディスコース領域に含めた内省プロセスは，Argyris and Schön（1978）のダブル・ループ学習（Argyris and Schön 1978, p. 20ff.）を想定しており，見通しのきかない不安定な状況を抜本的に改変しうる行為に Geiger は（内省プロセスを含む）実践の意味を見出していた。

3．実践概念としての学習プロセス

先にも述べたように，Schön は科学技術万能主義の気運が 1963 年からの 20 年間に大きく低下し，不確実性・複雑性・多様性などをはらむ現代社会の問題に対して「技術的合理性モデル」がもはや通用しなくなったと考えていた（Schön 1983, p. 39，翻訳書，40 頁）。これは，Schön によると，不確実性をもつ諸現象のなかでは，問題が所与としてあるわけではなく，何を解決してどのような目的を達成するのか，これを技術的な問題として解決することができないからであった。したがって，現代においてプロフェッショナルは複雑な状況に意味を与え，フレーム化し，それを切り取って問題を設定しなければならない（Schön 1983, p. 40，翻訳書，40–41 頁）。そしてその問題解決のための方法を選択し，得られた結果を振り返って評価する。場合によっては問題定式化そのものがダブル・ループ学習によって再設定される。

この動態のなかでの振り返りこそが Schön のいう「行為のなかの内省」（Schön 1983, p. 49ff.，翻訳書，50 頁以下）である。この内省においては，プロフェッショナルの種類に関係なく，① 実践において用いられるメディア，言語，レパートリー，② 状況を感知するシステム，③ 現象に意味を付与する架橋理論，④ ロール・フレームといった条件を参照しながら，新しい価値創造へと向かうことになる（Schön 1983, pp. 270–275，翻訳書，289–294 頁）。こうした条件は同時期に示された D. A. Kolb の経験学習モデルとも通底していると考えられる（Kolb 1984）。たとえば，経験学習モデルにある「具体的経験」ではこれまでのメディア，言語，レパトリーを駆使して環境と相互作用し，もし問題のある状況であるとすれば，これを「内省的に観察」するため一旦そこから離れ，別の観点から多様に問題状況を感知する能力をもたなければならない。そしてそこから生起するスキルや知識を架橋理論を用いて「抽象的に概念化」していき，自前の理論＝「持論」（金井 2005，93 頁以下）として（ロール）フレームを再設定していくことになる。これが最終的に実行としての試行錯誤（「能動的実験」）につながっていくのである（Kolb 1984, p. 40ff.；中原 2013，6-7 頁）。

このように，Schön と Kolb の学習プロセスは「概念化と経験[3]」を通じて不確実性を緩和させる実践概念として再定式化できる。P. Senge もかれらの考えを踏襲するように，① 自己マスタリー，② メンタル・モデル，③ 共有ビジョン，④ チーム学習，⑤ システム思考の五つの要素を組織学習のポイントにおいている（Senge 2006, pp. 6-12，翻訳書，38-49 頁）。

一方，その Senge に影響を受けて C. O. Scharmer は，Argyris and Schön や Kolb たちの学習プロセスを「過去の経験からの学び」に閉じているものと批判し，「出現しようとしている未来」にも学習（行動）の源を見出そうとした。これに基づき，複合した複雑性に対処するための新たな学習理論（U 理論）をかれは提唱した。この理論は，Scharmer によると，① ダウンローディング（過去のパターンの再具現化），② 観る（現実の状況の観察），③ 感じ取る（意識できなかった状況への気づき），④ プレゼンシング（未来の状況が現れる深いソースにつながる），⑤ 結晶化（新しい価値・概念の明確化），⑥ プロトタイプ（新しい価値・概念の試行錯誤），⑦ パフォーミング（協働）の七つのプロセスを経て状況を変革していくものとされる（Scharmer 2009, p. 39，翻訳書，73 頁）。

このなかで，未来志向的な学習を取り入れるステップとして最も重要なのが「プレゼンシング」である。Scharmer は，学習と変化のレベルを 4 段階に分け，少なくとも第 3 レベルまでは Argyris and Schön（1978）のいうシングル・ループ学習とダブル・ループ学習にあたるものととらえている（Scharmer 2009, p. 51，翻訳書，84 頁）。しかし，今日の複雑多岐なグロー

図１　実践概念としての学習プロセス

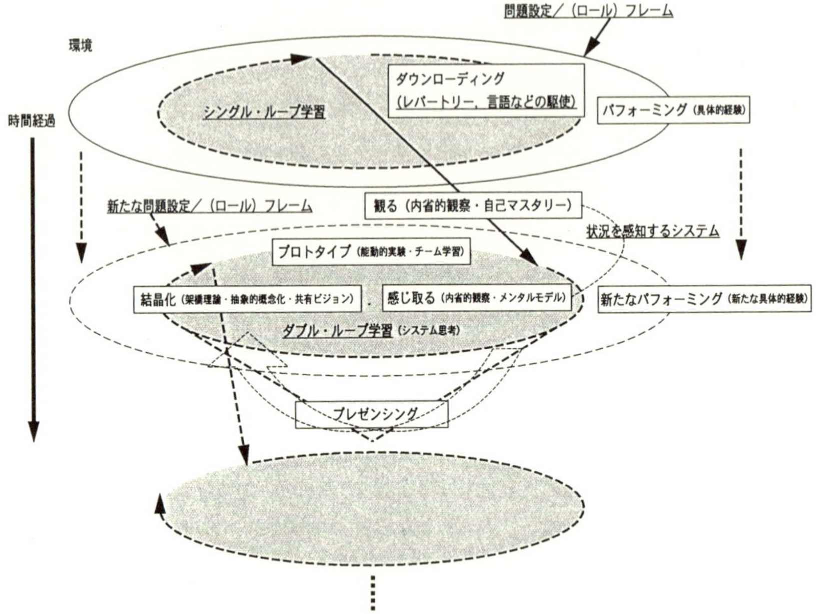

（出所）Argyris and Schön（1978），Schön（1983），Kolb（1984），Senge（2006），Scharmer（2009）をもとに筆者作成。

バル社会では，創造性を誘発するレベル４での学習と知を獲得する必要があると考えていた（Scharmer 2009, pp. 51–52，翻訳書，84–85頁）。そのことで個別問題・状況をみる主体としての自己を切り離し，より大きな全体（大きな自己）の大義から状況をとらえて新たな根源知（根源的存在）に到達できることをかれは強調した。こうしたScharmerの議論も取り入れ，ここで取り上げた各論者たちの学習プロセスを統合する形で図示すると，図１のようになるであろう。これが本稿の規定する「実践」，つまり「実践概念としての学習プロセス」である。

Ⅲ．経営学史研究の実践性

1．経営学史研究の三つの機能

以上の「実践概念としての学習プロセス」において，経営学史研究がいかなる貢献ができるかが次に問われる。そもそも経営学史研究は「経営に関わる個別理論の特徴や限界を当時の社会経済的事情に基づく世界観・価値観から読み解いていき，それぞれの時代ごとの理論の静的比較，あるいは時代を超えた動的発展プロセスを究明していく学問」である（大橋 2012，3-4頁）。経営学よりも100年ほど前（F. Quesnay や A. Smith らを起点にした場合）に成立した経済学の歴史研究（経済学史研究）においても，それが拠って立つところの思想的基盤を抜きに経済理論を十分に理解することはできないとされる（田中 1999，2頁）。経済理論の思想的基盤（経済思想）は当然のことながら，当時の社会経済的事情に影響を受けており，理論内容自体の自発的・内生的変化はもちろんあるが（根岸 2001，13頁），それ以外のところの外生的な要因にまで視野を広げて思想的基盤に基づく理論の知的体系とその系譜が究明されなければならない。この点で経済学史研究と経済史（社会史）とのむすびつきは必然的に強まってくる。それと同様のことが経営学史研究にもあてはまるであろう。

ではこうした社会経済的事情を考慮に入れながら経営に関する個別理論の特徴や限界などを探る経営学史研究の役割は一体どこにあるだろうか。

(1)　正当化機能

まず一つ目に当該学問を「正当化」する機能がある。アメリカ・ドイツなどを拠点に生成してきた経営学は，これまで100年以上にわたって対象領域や方法を多様に進化させてきた。それゆえ，それらの内容を総合的にとらえうるようなグランドセオリーは目下存在せず，誕生以来，対象・選択原理・隣接科学との違いなどを意識して自らの学問的存立を不断に問うてきている。経済学と同じように，こうした問いかけの積み重ねのなかに，自身の学問的な存立基盤を求めているのである（八木 2001，5頁）。

上述のように，経営学史研究では個別理論における対象や方法などの内容を精査し，社会経済的事情に関連させながら理論の背景にある価値観が究明されていく。それを同時代の別理論と「くらべる」，あるいは異なる時代の理論と「つなげる」ことで一つのストーリーが貫徹される（桃木 2009，73頁以下）。それによって「経営学」という学問の一つの姿がはっきりと浮かび上がってくるのである。そういう点でいえば，経営学史研究だけが「経営学とは何か」という問いに答えることができ（八木 2001，5 頁），経営学の学問的存立を正当化できるといえるだろう。

⑵　相対化機能

二つ目は「相対化」機能である。経営学史研究の思想的基盤が当時の社会経済的事情に影響を受けるとするなら，その受け止め方は認識主体の出自・立場・利害などによってそれぞれ異なってくる。つまり，思想的基盤の異なる理論の多様性にしたがって経営学史研究も多様なストーリー展開をもつことになる。たとえば Burrell and Morgan（1979）は一方で存在論・認識論・方法論・人間性それぞれの領域で主観＝客観次元を設け，他方で社会秩序・構造のあり方をめぐってレギュレーション＝ラディカルチェンジに分け，四つの象限にそれぞれのパラダイムを配した。こうした世界観を異にするそれぞれのパラダイムにおいては異なる発展プロセスが展開され，複数のパラダイム史が並存することになる。ある経営事象に対する見方は一つではなく複数の見方があり，経営学史研究にも多様なストーリーがあるということを学ぶことで，ある理論の認識に際して絶対的な視点にとらわれなくなる（八木 2001，12 頁）。「異なる論理」への理解が深まり，現在の状況を自明のものとしない訓練がなされるのである（桃木 2009，74 頁；福井 2006，9-11 頁）。

⑶　構想化機能

そして三つ目の機能としては現在・未来の状況に対する思考様式を組み立てる，あるいはその手助けをする役割が経営学史研究にはある。現在・未来を「構想化」する力である。一般に，歴史を学ぶ意味は「過去の出来事を知り現在の問題解決にそれを生かす」ことにあるとされる。ただこうした捉え方のなかで，過去の理論において展開された内容や手法が現在の問題状況にそのまま適用され，完全な問題解決につながると，単純にここでは考えられないであろう。むしろ重要な点は，当該理論が解明しようとした問題がいかなる性質のもので，どのような社会経済的事情から生まれ，それをいかなる論理をもって解決しようとしたか，ということである。

こうした意味において，経営学史研究はその理論に内在するリサーチ・デザイン（田村 2006, 7-9 頁）を明らかにしていくことで，理論が解明しようとした問題の本質を抽出できる。それを通じてあるべき姿がどのようにとらえられていて，それが当時の状況とどれだけ懸隔があったのかが分かってくる（Simon 1977, p. 70，翻訳書，95-96 頁）。つまり経営学史研究においては，ある理論が提示しようとした方策としての「どのように」も大事であるが，それ以上に問題設定としての「何が」の問いかけの方がより重要なのである。経営学史研究でこうした問いかけを学ぶことによって，現在の問題状況を問い直すきっかけをわれわれは得る。様々な解決策を講じて問題に対処していても，全く成果があらわれない場合は，既存のルーティンが通用せず，取り組むべき問題の本質を見誤っている可能性がある。経営学史研究は個々人の抱える認知フレームを揺さぶり，別のフレームへと誘導させる力をもつ。それによって現在や未来に対する捉え方を新たに構築させることができるであろう。

2．実践に対する経営学史研究の貢献

さて，以上のように経営学史研究の役割を (1) 正当化機能，(2) 相対化機能，(3) 構想化機能に整理して，その一般的意義を明らかにした。それではこうした機能が上述の実践概念（としての学習プロセス）に具体的にどのように関わるかがここで検討されなければならない。ただ (1) 正当化機能は，学問それ自体の形成と維持に関わる科学的アイデンティティ機能であるため，図 1 の「実践概念としての学習プロセス」とは直接的な関わりをもたない。ここでは (2) 相対化機能と (3) 構想化機能だけを取り上げる。

まず，(2) 相対化機能であるが，実践概念としての学習プロセスにおいてはある問題に直面した際，既存のメディア，言語，レパートリーを用いて状況を理解し，これまで通用してきた問題解決策によって組織は環境に適応しようとする。もしそこでエラーが生じたとしても，それまでの経験における手続きの改善で修正を図っていこうとする（シングル・ループ学習）。し

かし環境や状況が大きく変化し，そうした既存手段やその改変による組織の適応化が図られなければ，問題状況の捉え方それ自体を変革させないといけない。そこでは図1のなかの「観る」のステップに進んで，自己の視野を広げ，あるいは深め，現在の認知フレームを柔軟に解きほぐしていく作業が必要となる。

それに際して，経営学史研究が複数の理論系譜ストーリーを提供することで，実践者は問題状況を複眼的に分析することができよう。たとえばさきの Burrell and Morgan モデルを先駆として，組織研究のパラダイムについては様々な分析モデルがこれまで提示されてきている（梶脇 2017)。とくに近年，Hassard and Cox（2013）はパラダイム・コミュニティ（各潮流）がプロフェッショナルの行動のあり方を再生産していることを議論するため (Hassard and Cox 2013, p. 1702)，これまでの組織研究を計六つの潮流に整理し直している。Hassard and Cox によると，プロフェッショナルは，それを意識しているかどうかは別として，こうしたパラダイム・コミュニティの基底にある存在論・認識論・人間性質・方法論的基盤を反映させたなんらかの手法を日々の活動に用いているとされる（Hassard and Cox 2013, p. 1702)。

こうしたプロフェッショナルの日々の活動がシングル・ループ学習によって組織を環境に適応させていればよいが，もし何らかのエラーが生じた場合にはダブル・ループ学習への移行が必要となる。この点においてプロフェッショナルは，たとえば，Hassard and Cox が示したような諸パラダイム・コミュニティ（史）の特徴を多面的に学んでいることによって，自らが依拠する認知フレームを相対化させ，「状況を感知する」能力を高めることができよう。

そして次の(3)構想化機能については，たとえば A. Kieser の主張が参考になる。Kieser（1994）は，組織研究において歴史分析が再活性化させられるべきだと早くから主張し（Kieser 1994, p. 609)，組織研究の「歴史分析的転回」(historic turn）を始めたといわれている（Godfrey *et al.* 2016, p. 591)。Kieser がその必要性を説いた理由は四つあるが，そのなかの一つとして，現在の組織研究や実践で流行っている「ファッショナブルな」トレンドを，過去の同じような主張と照合させる（confront）ことで，現在の組織研究・実践に内在している先入観や予断を確認できることを挙げている（Kieser 1994, p. 610）。この例として Kieser は組織文化概念を取り上げ，これが中世ギルドでみられた儀式，神話，シンボル，また人間関係論や経営共同体にみられる思想と共通することを指摘した。こうした点をふまえ，Kieser は中世ギルド，人間関係論，経営共同体思想に今一度焦点をあててみることで，「組織文化が本質的にイデオロギーによるマネジメントであることを教えてくれ，そして組織文化が築かれるところの価値システム・イデオロギーに警戒すべきことを教えてくれる」（Kieser 1994, p. 611）と述べている。

もちろん，組織文化のイデオロギー性や精神性は現代の組織文化論においても扱われており，ことさらギルドやナチスの話題に触れる必要はないといえるかもしれない。しかし，ある経営理論や経営概念を歴史分析から今一度掘り起こしてみることで，その問題設定の本質が見出されることがある。ここに歴史分析が本領を発揮できる場がある。経営学史研究の活用によって既存理論の背景にある思想的基盤や価値観へアクセスすることができ，プロフェッショナルは既存の認知フレームの限界や盲点を「感じ取る」ことができよう。そこにおける抜本的な刷新（プレゼンシング）の向こうに結晶化，プロトタイプ，パフォーミングを経たダブル・ループ学習の完遂が可能になるのである。

Ⅳ．おわりに──これからの経営学史研究の可能性と課題──

今後人工知能社会が進んでいくとされるなか，今まで想定もされなかった課題を発見していくことは，人間が担う根本的な知的作業としてより本質的なものになっていくであろう。安宅（2017）はこうした課題の本質（性質）の発見・解決（見極め）には知覚の質が重要であり，この質を高めるためには，過去の先人が作り上げてきた知的体系を学ばなければならないとしている（安宅 2017，43 頁）。ここからも分かるように，学史研究の意義は薄まるどころか，今後ますます大きくなっていくと考えられる。

こうしたなか，Kieser（1994）や Zald（1993, 1996）以来，歴史分析の重要性にあらためて注目し，組織研究との関係を強めていく動きが近年みられる（e.g. Bucheli and Wadhwani 2014)。とくに 2016 年の *Academy of Management Review* 誌 10 月号では，歴史分析と組織研究の融合に関する特集が組まれ，Organizational History（Historical Organization Studies［HOS］）の進展がいくつかの論考を通じて紹介された[4]。その巻頭論文のなかで Godfrey *et al.*（2016）は，理論をテストするために歴史を利用するというよりも，ヒストリオグラフィ（過去の意味づけ）としての歴史と組織研究を関わらせることが一層重要であると指摘している（Godfrey *et al.* 2016, p. 602)。同じく Maclean, Harvey and Clegg（2016）も，同特集号で歴史に意味をもたせるナラティブモードの HOS が最近の組織研究においては牽引力をもっており，組織世界に対して有益な視点を提供できると期待している（Maclean, Harvey and Clegg 2016, p. 625)。

もちろん，Rowlinson, Hassard and Decker（2014）や保坂（2015）の指摘のように，歴史分析と社会科学との融合は様々な課題を抱えている（Rowlinson, Hassard and Decker 2014, p. 252ff.；保城 2015, 4 頁以下)。また Tsang（2017）のいうように，ヒストリオグラフィは「サンプルが少なくコントロールが効かない」「利用可能な史料が不完全である」「推論が主観に基づく」などの限界をもつ（Tsang 2017, p. 178)。これを克服するための方法論的深化は今後の大きな課題である。

しかし，このような歴史分析と組織研究の融合によって拓ける新たな地平を前に，われわれ経営学史研究者は過去の理論・思想だけを追究するのではなく，現実の経営実践と現代の様々な領域の経営学研究の動向にも積極的に関心をもつべきである。そしてわれわれは諸領域の専門家やプロフェッショナルと頻繁に対話していかなければならない（Kurz 2006, pp. 474–475, 翻訳書，118–120 頁)。そのことにより経営学史研究と重なる Organizational History が発展していくのはもちろんであるが，この成果を媒介に，専門分化の進む経営学の「知的断片化」（Kurz 2006, p. 475, 翻訳書，120 頁）が抑止され，プロフェッショナルは一層実り多き果実を得られるようになると思われる。

注

1）第25回全国大会時には討論者の風間信隆教授はじめ多くの先生方から大変有益な示唆をいただいた。ここに記して感謝申し上げる次第である。とくに実践の規定については，様々な意見をいただいた。経営に関わる実践主体の範囲とその内容の多様性を考えると，本稿とは異なる側面やより一般的な視点からの規定がもちろん再検討されなければならない。それを踏まえた経営学史研究の実践性もあらためて再考する必要があるだろう。

2）入山（2015）によると，現在の経営学は「厳密である」「役に立つ」に「知的に新しい」を加えた三つのトリレンマ状態にある（入山 2015，28頁以下）。

3）楠木（2011）の指摘する「論理化と具体化」（楠木 2011，10-11頁）がこれにあたると考えられる。

4）そこではたしかにOrganizational HistoryはManagement Historyと区別されているが，しかし，Management Historyがただ単に経営思想の内容だけを追究するのではなく，その歴史分析に組織研究を取り入れるとしたら，Organizational Historyと重なる部分があるとされている（Godfrey *et al.* 2016, p. 593）。

参考文献

Argyris, C. and Schön, D. A. (1978), *Organizational Learning: A Theory of Action Perspective*, Addison-Wesley Publishing.

Bucheli, M. and Wadhwani, R. D. (ed.) (2014), *Organizations in Time: History, Theory, Methods*, Oxford University Press.

Burrell, G. and Morgan, G. (1979), *Sociological Paradigms and Organisational Analysis*, Heinemann.（鎌田伸一・金井一頼・野中郁次郎訳『組織理論のパラダイム：機能主義の分析枠組』千倉書房，1986年。）

Dewey, J. (1938), *Logic: The Theory of Inquiry*, Henry Holt and Company.（河村望訳『行動の論理学：探求の理論』人間の科学新社，2013年。）

Geiger, D. (2009), "The Practice-Turn in Organization Studies: Some Conceptual and Methodological Clarifications," in Scherer, A. G., Kaufmann, I. M. and Patzer, M. (Hrsg.), *Methoden in der Betriebswirtschaftslehre*, Gabler, SS. 187-205.

Godfrey, P. C., Hassard, J., O'Connor, E. S., Rowlinson, M. and Ruef, M. (2016), "What is Organizational History? Toward a Creative Synthesis of History and Organization Studies," *Academy of Management Review*, Vol. 41, No. 4, pp. 590-608.

Hartshorne, C. and Weiss, P. (ed.) (1965), *Collected Papers of Charles Sanders Peirce, Vol. V: Pragmatism and Pragmaticism and Vol. VI: Scientific Metaphysics*, The Belknap Press of Harvard University Press.（上山春平責任編集『世界の名著59 パース　ジェイムズ　デューイ』中央公論社，1980年。）

Hassard, J. and Cox, J. W. (2013), "Can Sociological Paradigms Still Inform Organizational Analysis? A Paradigm Model for Post- Paradigm Times," *Organization Studies*, Vol. 34, No. 11, pp. 1701-1728.

James, W. (1987), "Pragmatism," *Writings 1902-1910*, The Library of America, pp. 479-624.（桝田啓三郎訳『プラグマティズム』岩波書店，1957年。）

Kieser, A. (1994), "Why Organization Theory Needs Historical Analyses-And How This Should Be Performed," *Organization Science*, Vol. 5, No. 4, pp. 608-620.

Kolb, D. A. (1984), *Experiential Learning: Experience as the Source of Learning and Development*, Prentice-Hall, Inc.

Kurz, H. D. (2006), "Whither the History of Economic Thought? Going Nowhere Rather Slowly?," *The European Journal of the History of Economic Thought*, Vol. 13, No. 4, pp. 463-488.（中山智香子訳『シュンペーターの未来：マルクスとワルラスのはざまで』日本経済評論社，2008年。）

Maclean, M., Harvey, C. and Clegg, S. R. (2016), "Conceptualizing Historical Organization Studies," *Academy of Management Review*, Vol. 41, No. 4, pp. 609-632.

Rowlinson, M., Hassard, J. and Decker, S. (2014), "Research Strategies for Organizational History: A Dialogue between Historical Theory and Organization Theory," *Academy of Management Review*, Vol. 39, No. 3, pp. 250-274.

Scharmer, C. O. (2009), *Theory U: Learning from the Future as It Emerges*, Berrett-Koehler Publishers.（中土井僚・由佐美加子訳『U 理論：過去の偏見にとらわれず，本当に必要な「変化」を生み出す技術』英治出版，2010 年。）

Schön, D. A. (1983), *The Reflective Practitioner: How Professionals Think in Action*, Basic Books.（柳沢昌一・三輪健二監訳『省察的実践とは何か：プロフェッショナルの行為と思考』鳳書房，2007 年。）

Senge, P. M. (2006), *The Fifth Discipline: The Art and Practice of the Learning Organization*, Doubleday.（枝廣淳子・小田理一郎・中小路佳代子訳『学習する組織：システム思考で未来を創造する』英治出版，2011 年。）

Simon, H. A. (1977), *The New Science of Management Decision*, Prentice-Hall, Inc.（稲葉元吉・倉井武夫訳『意思決定の科学』産業能率大学出版部，1979 年。）

Tsang, E. W. K. (2017), *The Philosophy of Management Research*, Routledge.

Zald, M. N. (1993), "Organization Studies as a Scientific and Humanistic Enterprise: Toward a Reconceptualization of the Foundations of the Field," *Organization Science*, Vol. 4, No. 4, pp. 513-528.

Zald, M. N. (1996), "More Fragmentation? Unfinished Business in Linking the Social Sciences and the Humanities," *Administrative Science Quarterly*, Vol. 41, No. 2, pp. 251-261.

安宅和人（2017），「知性の核心は知覚にある」『DIAMOND ハーバード・ビジネス・レビュー』第 42 巻第 5 号，28-45 頁。

伊藤邦武（2016），『プラグマティズム入門』筑摩書房。

入山章栄（2015），『ビジネススクールでは学べない世界最先端の経営学』日経 BP 社。

大澤真幸（1998），「目的」廣松渉・子安宣邦・三島憲一・宮本久雄・佐々木力・野家啓一・末木文美士編『岩波哲学・思想事典』岩波書店，1591-1592 頁。

大橋昭一（2012），「2. 方法（a）」経営学史学会編『経営学史事典（第 2 版）』文眞堂，3-5 頁。

梶脇裕二（2013），「ドイツにおける経営学理論の動向」久保広正・海道ノブチカ編『EU 経済の進展と企業・経営』勁草書房，175-197 頁。

梶脇裕二（2017），「組織研究の脱構築：組織分析諸モデルの意義を探って」『商学論究（関西学院大学）』第 64 巻第 2 号，79-106 頁。

金井壽宏（2005），『リーダーシップ入門』日経文庫。

楠木建（2011），「経営『学』は役に立つか」『一橋ビジネスレビュー 2010 年 別冊 No. 1 はじめての経営学』東洋経済新報社，4-12 頁。

田中敏弘（1999），「序論」田中敏弘編『経済学史』八千代出版，1-3 頁。

田村正紀（2006），『リサーチ・デザイン：経営知識創造の基本技術』白桃書房。

中原淳（2013），「経験学習の理論的系譜と研究動向」『日本労働研究雑誌』No. 639，4-14 頁。

根岸隆（2001），『経済学史入門』放送大学教育振興会。

福井憲彦（2006），『歴史学入門』岩波書店。
保城広至（2015），『歴史から理論を創造する方法：社会科学と歴史学を統合する』勁草書房。
桃木至朗（2009），『わかる歴史・面白い歴史・役に立つ歴史：歴史学と歴史教育の再生をめざして』大阪大学出版会。
八木紀一郎（2001），「なぜ経済学の歴史を学ぶか：経済学史の役割」中村達也・八木紀一郎・新村聡・井上義朗『経済学の歴史：市場経済を読み解く』有斐閣，1-12 頁。

3　経営学の“実践性”と経営者育成論（経営教育学）の構想

辻　村　宏　和

Ⅰ．はじめに：報告論題の意義

1．報告論題の契機：統一論題趣意に対して

論題の「経営学の“実践性”」部分は，今全国大会統一論題報告者に課せられたサブ・テーマⅠの副題から引いている。統一論題「経営学史研究の挑戦」の趣意文には，「① 経営学はその成立以来，現実世界の経営が直面する課題に応えるという実践理論科学の性格を強く持っている（中略）。② 経営学は（中略）諸課題を解決し，実践に資する提言を示していることは確かである。③ しかし，理論ないし学問と実践との間には懸隔が生じやすいのは否定しがたい。」（傍点及び番号は辻村）（『経営学史学会通信』第23号，2016年10月，9頁抜粋）とある。

がしかし，①②のごとく強弁し得る論拠が見当たらない。逆に反証ならば容易に挙げることができよう。しかも②と③は論理的に整合していない。

また，サブテーマ1の趣意文「経営学史研究にみる実践への挑戦：経営学の“実践性”」にも「経営学史研究は，④ これまでさまざまな理論や思想が経営実践そのものや，実践に結びつく教育に影響を与え，また実践からも影響を受けてきた歴史的展開を俯瞰することで，実践と向き合っている」（傍点及び番号は辻村）（同上，10頁）とあり，更に「経営学は，⑤ 理論と実践の不可分の関係にある学問的性格を有しつつ」（傍点及び番号は辻村）（吉原正彦理事長「経営学史研究の意義を求めて」，同上，1頁）という指摘もあるが，経営学のどこに④⑤を見出すのか，不明である。かように趣意文等の論理妥当性を疑問視し，そこに本報告の価値妥当性を置く。

2．報告論題の価値妥当性：反証からRQへ

学術研究の基本的ステップは「（先行研究レビュー）→（新仮説の創造）→（経験的事実による検証）」である。より精確には先行研究レビューの後，経験的事実による反証をゲットし，リサーチ・クェッション（以下RQ）を定立する必要がある。ここにおいて学術論文の実質要件・価値妥当性が得られ，考察に値する学界マーケットバリューが決定される。学術研究においてはRQすなわち問いが全てだと言って過言でなく，ここで研究主題が確定する。次に先行研究レビューと反証とをコネクトし，「ある命題Pを回り道して論証する」背理法などによって新（ヒューリスティックな）仮説を創造することで，学術論文の実質要件たる独創性及び論理妥当性が確保される。

以上の論文形式・実質要件に鑑み，上記の統一論題趣意等を先行研究レビュー諸命題に見立てて本研究における反証（あるいはRQ）を示せば，以下の通りである。

①　「経営系学部出身の（名）経営者」は希少であるのはなぜか？
②　「女性経営者」も希少であるのはなぜか？
③　「経営学者が名経営者となった」ケースなど極少であるのはなぜか？
④　「経営学者の社外重役」も希少である[1)]のはなぜか？
⑤　「経営学部を有する大学経営は良好である」というエビデンスはあるのか？
⑥　「コンサル会社の経営は全て良好である」というエビデンスはあるのか？
⑦　経営学界では「ドラッカー型研究者」が少ないのはなぜか？
⑧　「経営者の座右の書は経営学書ではない」のはなぜか？

①～⑧は全て定量的確認が可能と推察され，ちなみに⑤⑥⑧などは先の趣意文に対して言わば“珍現象”とも言える。かような不整合の存在は経営学（界）が経営学のアミューズメントあるいはテイストを伝え切れてないということでもあり，このあたりにも本研究の価値妥当性を見出し得る。

Ⅱ．「経営者育成論＝経営教育学」構想

1．その意義と研究方法

本研究主題は経営学と経営者育成とを媒介する経営教育学の構想で，それはバーナードの指摘「…多くの専門家を作り出しているが，特別な努力を払って全般管理者を十分に育成していないし，またいかに育成すべきかをほとんど知らないのである」（傍点は辻村）（Barnard 1938, p. 222，翻訳書，232 頁）へのチャレンジでもある。なお「経営教育」と言った場合ここでは，「（現任）経営者教育」でも「経営リテラシー教育」でもなく，「学部（大学院）の教室における経営教育」に議論を限定している。

ちなみに研究方法は「非実証的研究は非科学的だ」との排撃風潮に対抗した理論研究で，理論実証でもなく理論適用では無論ない。と言うのは，調査では反証はできても実証はできないとするポパー（K. R. Popper）の反証主義に根差し，理論は実証研究から生まれるわけではないというスタンスを採っているからである。更に，理論は既存の理論と発見された反証とを照合し，その不整合を解消すべく両者を論理整合的にコネクトするパース（C. S. Peirce）提唱の“abduction”，いわゆる「仮説的演繹思考」から生まれるという理解に基づいている。

そして本報告における先行研究レビュー諸命題は，経営学理論の実践性（≒問題解決力≒“役に立つ”）を評価する立場（前述趣意文等）から導かれる「定（通）説：経営学教育，すなわち経営学の『さまざまな理論や思想が経営実践そのものや，実践に結びつく教育に影響を与え』（前述サブ・テーマⅠ趣意文）る」とする命題などで，反証データは上述の通りである。

しかるに本研究主題の定説がないどころか先行研究もなかなかヒットせず，そもそも本研究主題の価値妥当性は認められていないような状況にある。日本経営教育学会（現・日本マネジメント学会）創設者の山城章が「経営学＝経営教育」という「学すなわち教育」とする命題を未完のまま他界しただけに，われわれは山城の『実践経営学』（山城 1960）を独善的に引用するだけでなく経営教育学として彫琢すべきである[2)]。山城の「KAE （knowledge, ability, experience）原理」は経営教育の究極は自己啓発にあることを伝えんとするまさしく経営教育学マターであるのだが，経営教育のためのメタ理論的議論は皆無に近い。また国内・外の経営教育（学）のレギュラー文献，例えば村本（1982），坂井（1996），高木・竹内（2010），高木・市村（2016）やBarnes et al.（1994），Ellet（2007）等にいずれも通底しているのは，経営教育のためのメタ理論的議論を欠く「いきなりの経営教育」感で論理的妥当性を欠く。

2．経営教育学体系の構築に向かって

⑴　「経営手腕＝MC × N-MC」モデル（パイロット・モデル）

かくしてこの不整合を解消すべく，反証データを直視して前提を疑い，通説を根本から再構築する仮説的演繹思考の方法論，すなわち「論理思考＝A（前提）ならばB，BならばC，Cならば…」の「Aを問う」方法を採る。単なる演繹思考としないのは「何を，いかに教えるか，更に教えられるものなのか否か」という問いについて「普遍→特殊」という演繹思考を可能とするグランド理論が未確立だからで，また前提を疑うというのは「経営学教育→経営者育成」というリニアーな関係に疑念を挟むからである。「どのような理論や技法も，すべて特殊な前提を土台に築かれている」（北野1970，2頁）もので，その前提は「社会の大多数のものが受入れているという程度のもろい根拠しかもたない」（同上書，3頁抜粋要約）。「理路整然とまちがっている」（安本1997，253頁）ことは世の常である。

かくして経営学（理論）が社会科学であろうとするならば学術的研究の基本的ステップを踏み，「実践＝“役に立つ”＝問題解決力，（がしかし）≠理論で問題解決」（後述）なのではないかとRQを立てる。これに対しては「『実践≠理論で問題解決』であるのは主要（特に“本流”）学説が未解明だからであって，それらが解明されれば…」という学史研究者からの反論もあろう。が，学説解明作業が不要だなどとは毛頭思わないが，僭越ながら，学説解明が「当該学説が何を言っているのか」の探究レベルにとどまる限りそれ自体は経営学以前の研究であり，翻って当該学説の難解さは当該学説の欠陥の証左であるとも言えまいか。

そこで新前提として，「経営教育のためには既存理論とはもう一つ別種の理論が必要で，しかもそれには経営学修得とは異次元の経営手腕とシンクロせねば見えてこない」と仮説を立て，あらためて先のように「A を問う」。かくして，「経営手腕（≠経営）とは？」論にまで遡り，ゼロベース思考（≠概念的理解）に立ってかつ経営実践の不条理ないし魔性にまでも迫るべく考案されたのが，下記の，自然言語でもある「経営手腕」の論理的構成物すなわち中心的命題である（以下，不適切な箇所もあるが，概念の明瞭性を目指したパイロット・モデルとして文字式表示を用いる。「＝，≒，≠，→，←」等の記号は論理学における論理記号のつもりで自己流に多用しており，将来完成させる予定である）。

それは，仮称「経営手腕（management art，以下状況に応じて MA）＝ MC × N-MC」モデルである。一口に言ってしまえば，理論化・言語化し得ない何かが経営手腕には含意されていて，その正体をいきなり内包規定するのではなく，残余概念を用いて逆照射やレトリックで漸次迫ろうとするものである。モデルと呼ぶのは，以下の諸命題から成り立っているからである。

先ず，このモデルは異名同体性の強い，交差概念「経営」「管理」の整理から始める。両者概念を放置したままで経営手腕の正体に迫れば言語経済の原則に反する。よって，両者を日常語法と近似するレベルで概念化し経営手腕（MA）概念と関係付けることが便宜である。さて，両者は交差概念ゆえに「経営≒管理」には違いないが「経営≠管理」である。「経営＝管理」だとしたらどちらかが不要ということになって不合理で，「経営＝管理＋ α」と管理を包摂する概念規定の方が合理的でかつ自然である。

ただし「未知数 α ＝残余概念＝管理以外の何か」ゆえ，管理概念の明確化だけは先ず必要であると考える。そこで，できる限り日常語法ともかけ離れないようにと，管理過程学派におけるかの「PDS サイクル」をベースに「管理の本質（1/3）＝計画（P）＋統制（S）」と固定して「管理＝組織と計数を用いた P&S（≒管理会計イメージ）≒ POC（計画・組織・統制）＝ MC」（山城 1982，292 頁に依拠），とプラクティカルに定義・仮称する（以下，「MC ＝マネジメント・サイクル」と呼称）。残余概念を用いて変換すると ①「経営＝ MC ＋ N-MC」（「N-MC ＝ Non-MC」の意で，ハーズバーグの動機づけ要因よろしく「満足要因」ゆえに右辺には加算記号を用いる）となり，①´「経営＝管理を本質とする目的的活動」と表現し得る。

そして最重要なのが②「経営手腕（MA）＝ MC × N-MC」という仮説的命題を定立することで，その意義は第一に，経営はMCだけで（N-MCがなくても）成立するが経営手腕はどちらも不可欠なことである。経営手腕が有機的アートであることを示すべく右辺に乗算記号を用いたゆえんである。第二に，人口に膾炙する「“東芝の問題”は管理以前の問題だ！」「“東芝の再建”には○○氏しかいない！」などという表現とも符合するように，「経営手腕発揮ゾーン」を「状態 a →状態 b ≠一瞬，＝ ab スクランブル状態」の「過渡期」概念から演繹して“MC導入の before&after”期に焦点を定め，②´「経営手腕＝（逆に）N-MCを本質とするMC有効化活動」とし，①①´と本質が入れ替わることが最大のポイントとである。かくして，「N-MC ＝経営手腕（MA）の中心的（本質的）概念」，「②②´＝経営手腕（MA）の中心的命題（本研究の中心的第1命題）」と位置付けることとする。

そして，中心的命題にはヒューリスティックな効用がある。中心的命題における本質スウィッチによって，「経営の本質MCの妨害要因」の存在を暗示するためである。その証左は①「名経営者（名監督）が希少」なことである。有森隆に拠れば「話題の経営者たちの実力と品格」は「C，D評価経営者が圧倒的」で，ちなみに例外は「総合評価 A$^+$：御手洗冨士夫・キヤノン会長兼CEO」など極少ない（有森 2006)。また工藤健策に拠れば「プロ野球監督は失敗例の方が圧倒的に多い」という経験的事実が残っている（工藤 2003)。更に，「最も妨害されやすい MC ＝“MCの仕上げ”（MCファイナル）とも言える後継者育成計画＝ MCの一環」と考えるが，その証左は「レアー・ケース：名経営者のままで禅譲」である。HBS教材にも取り上げられたセブン＆アイ HD会長鈴木敏文（A$^-$評価）など，“ワンマンの末昔日の輝きを失い，あげく失脚”ケースは枚挙に暇がない（有森，前掲書，180頁)。

それは，「TMO（Top-Management Org.，以下 TMO）の本質」から演繹し得る。「“経営形態”＝全て自分で → 協力してもらう → 任せる」と定式化すれば，TMOはライン＆スタッフ組織を採らざるを得ない。

そこで重大な意味関連は，こと TMO づくりにおける「主客合一」性がもたらすモラルハザードである。西田幾多郎の「行為的直観」を礎とした山本安次郎の「主客の相互媒介的統一」（山本 1964，46 頁）概念[3]がすこぶる有効である。バーナードがアリストテレス『形而上学』から引いた「将軍は秩序に依存しないが，秩序は将軍によって決まるがゆえに，将軍の方が大切である」（傍点は辻村）（Barnard, *op.cit.*, p. 2，前掲翻訳書，2 頁）との指摘とも符合する。要するに，「TMO の O」と先の「POC（言わば管理のための Management Organization）の O」とは質的懸隔極大であって，前者は“清濁内包”しやすい。「TMO づくりの主体でもあり客体でもある主客合一の経営者」はともすればⅰ)「権威主義者」となってあげく「世襲，院政」を敷いたり，ⅱ)「権威利用者」によってそれとは真逆の「側近政治」を敷かれやすい。上位ポストの壟断や下位ポストが“懐柔のまきエサ”と化し，組織の利権化が進む。組織は内部から変わりにくい状態にあるから，“中興の祖”の登場シーンは限られる。それは人間の性がもたらす組織のモラルハザード・ダイナミクスとも言い得る。これぞまさに主客合一性が誘う“経営の魔性”であり，現前の 300 万社以上の「法律中小企業」社長と等身大の経営者行為と言えまいか。組織のモラルハザード・ダイナミクスは“TMO の日本史バージョン（≒歴代天皇の「親政・院政・摂関政」史）”（和歌森 1973）で，超時代的命題とも言えよう。

かくして，暫定的に中心的第 1 命題の最終バージョン（未完）を「経営手腕（MA）＝ MC × N-MC ＝経営者の，TMO における N-MC を本質とする MC 有効化活動」として，対経済学（≒経営者不要説）・差別化を可能とする理念型として位置付ける。これがアンドリュウス（K. R. Andrews）の言う「用いるに足るほど単純で，しかも連続的な洞察を加えうるほどに厳密で複雑であり得る概念的枠組」（Andrews 1968, p. xviii）足り得るか否かは他日を期したい。

経営手腕の中心的命題は未完で暫定的ではあるが，「（計数を伴う）P → Org. 化→（計数を伴う）S」サイクル MC とサブサイクル「対人関係ベースの『情報収集→決断→説得[4]』」N-MC のダブルサイクル・モデルという意義を有する。後者は“the art of getting things done through people”とされるクーンツのmanagement概念（Koontz 1964, p. 15）に，また「managementの原義＝何とかする」に，更にBarnard「非論理的過程」(Barnard 1936）にも近似した，言わば人事管理とは別次元の人間関係論の“人間関係”概念である。それは，「対象の個体差無視で『ヒト（一般）＝mass』対象の動機づけ理論やHRMなど幻想ではないか」と前提を覆すところから発し[5]，「固有名詞レベルの，人間観察力に基づいた人心掌握術をコアとしたまさに“声かけ”レベル」の経営術である。それは，「無形性，不可分性，変異性，非貯蔵性」を伴うサービス商品概念とも近似する。「Managing ≠ Being a Manager」といった命題に象徴されるように，ダブルサイクル・モデルが完成すれば観察者にとって今までとは違った風景が見えてくるはずである。

⑵「経営教育学」体系の到達点

中心的第1命題の価値妥当性・独創性に続き論理妥当性をも確保されれば，まさしく同命題は研究の第一歩である類型化に始まって，更に経営学教育と経営教育学とを対置するためのヒューリスティックな命題となる。これに依拠して，

〔経営教育学・概念〕（＝本研究の中心的第2命題）

「経営教育学」は①「経営教育（それ自体）」では無論なく，②「経営学教育」ではあり得ず，③「経営手腕という総合個別的な経営者アートを学習者に教育するための方法についての，トレーナー向けの学」という意味での経営教育学である。

と定義・定立した次第である。回りくどい表現を用いたのは，経営教育学概念の「内包の曖昧性（ambiguity ＝ AにもBにも解釈し得る)」及び「外延の漠然性（vagueness ＝○○は含まれるのか？)」を回避するためである。

前後するが，中心的第2命題を導出した中心的第1命題の合理性は，もともと幾多の経営手腕の「下位命題及び下位概念」によって担保されている（報告当日配布資料および辻村 2001)。それらは反証的個別事例，すなわち成功物語や教条的物語などではなく主に「失敗 → 挫折の系譜」を通じて

創造されたものである。その具体的なツールとしてはビジネス誌等におけるトップのインタビュー記事，評伝，経営小説などにまで目を通して経営者の苦悩をトレースする準・内観法に拠る。それは多面体のMA概念を「内包規定（定義化）」するのではなく，「漸次外延をクリアカットしていく（＝○○とは，何であって何でないのか？方式の）研究作業」を優先する方法である。具体的には2方式，ⓐ逆照射（「≠」方式），ⓑ直喩＆隠喩（メタファー）（「≒」方式）[6] を主に駆使した。ちなみにⓐにおいては，「経営手腕≠職務権限を有する者が，①命令，②インセンティヴによってヒトを動かすこと」だとか「ヒトを動かす要因≠力，≠ロジック←会議での論戦に勝利するだけ」（榎本 2015，88頁抜粋要約）などの諸命題でエンドレスに迫っている[7]。「経営教育学・体系」の目下の到達点を演繹的に定式化すると，

〔経営教育学・体系の3要件〕（≠必要十分要件）

ⅰ）エンドレスな経営手腕（MA）概念考察

ⅱ）「経営教育学のクライアント≠ "for everyone"，≠学習者，＝トレーナー」

ⅲ）「ケース・メソッドによる経営教育の本質＝非指示的教授法[8]」（その意義）

　ⓐ「問題解決＜問題を学ぶ」トレーニング

　ⓑ「インストラクター＝学習者に省察を促すファシリテーター」

　ⓒ「推奨ケース＝仮装＆1人称で失敗をトレースしたケース[9]」

と整理する。かくして「経営教育学＝上記3要件を合理的に説明し得るトレーナーのための学」と言い得る。際立った学問的インプリケーションは，ⅰ）「経営学→経営教育学」の非連続性（≒断絶性）ⅱ）（それどころか）「経営教育学が経営学を包摂し，一部とする体系」ということにもなる。

Ⅲ．「経営学の実践性≠問題解決力，＝経営者育成」命題と“山城経営学”

1．実践性と問題解決力

そもそもが“研究の堕落だ”などと言われかねない「経営学の実践性をいずこに求めたらよいのか」という根源的 RQ を出発点とし，様々な研究を渉猟した後，やがて「『もし，経営者の育成を目的とする経営学があるとすれば』と経営学の目的論は不問とし，しからばそのコンテンツは何か？」と変換した RQ の下でずっと知的格闘している。「RQ を変換した」と言うのは，「経営学の実践性があるとしたら，それは，①“役に立つ”＝問題解決（力），②経営者（＝問題解決者）育成（力）の二次元である」と捉え（≠必要十分），かつ前者否定のスタンスに辿り着き，結局「経営学に実践性を求めるとしたら，『経営学の目的＝経営者育成』しかない」という考えに到達したからである。

スタンダードな経営学教科書においては，「経営学＝企業が市場メカニズムを媒介にして最大利潤を追求するために図る合理的な内部調整たる経営を科学的に説明する理論」などとされるところだが，看過してならぬのは「経営（実践）は合理的な内部調整に非ず」という点で，ゆえに「非科学を科学的に説明する」ことの意義が徹底的に吟味されねばならない。畢竟，「非科学の科学」的視座には「科学的管理法」はあっても「科学的経営法」などあり得ない。“スポーツ科学によってアスリート全体の底上げはできても勝利の保証などできっこない”のと相似形である。上の「経営学定義」など本質レベルの経営手腕をカバーしておらず，それはバーナードの“Executive Process”論（Barnard, *op.cit.*, p. 235）やサイモン（H. A. Simon）の“Bounded Rationality”（Simon 1945）によって否定されたにもかかわらず，である。

実践的意思決定が推論をショートカットした形でなされることなど当たり前と言えば当たり前なのだが，IT 化が進めば進むほど差別化が困難となり皮肉にも実践的にはコンピューター化し得ない領域がますます重視されるようになっている。テイラー（F. W. Taylor）の「例外の原理」よろしく，「先例のないケース」「甲乙ジャッジができないケース」など「価値判断からの自由な問題解決ケースなどあり得ない[10]」という視点が重視されるようになったのである[11]。実践概念の外延を経営手腕（MA）概念同様に，前述の「≠」方式や「≒」方式等によってランダムにクリア・カットすれば（≠必要十分）下記の通りである。

〔実践概念〕

≠ 定義化[12]

≒ ボーダーレス（学者にとって非日常的）

≠ 科学的根拠に基づいた実践

≠ 直線的因果律ワールド

≒ 主客合一性

≠「環境決定論的＝非個性的」

≒「標準偏差値・大＝総合的個別性・大＝“十人十色”」

≒ 格闘技[13]

≠「皆同じことをやったら…」

≠「理論で問題解決」「理論の完成を待って…」ワールド

≒ 非公開性[14]

≒「グレー・ゾーン≠除去対象，≒前提[15]」

≒「世俗的妥協的態度」要[16]

≒ 非・再現性

≠（どこでも，いつでも同じ）「重力の法則」

≠「歴史に学べ← ～は繰り返す」スタンス

⇒ 非科学性（≠反科学性）

2．経営者育成（論）と山城『実践経営学』（1960）

「非科学の科学」は最重要だが，非科学は非科学の（非言語化）ままでは容認されない。容認されるべくわれわれが迫り得るのは，「科学的問題解決法」では無論なく「問題解決に関わる事象の科学的な説明」でしかあり得ず，本研究ではその一選択肢として「経営者の育成，（がしかし）＝問題解決者の育成＝間接的問題解決法」という次元での経営学の実践性に辿り着いた。ここにおいてサプライズとも言えるのは，山城が「経営学における実践の当面の目的を問題解決ではなく professional manager の形成に置いた」（山城 1965，40 頁抜粋要約）ことの意義が氷解したことで，これが思いのほかヴィヴィッドな研究分野なのである。

Ⅳ．結び

バーナード理論研究をルーツとする筆者が学史研究の世界に沈潜しなかったのは，経営者育成（経営教育）の学問的論究の虜になったからである。本研究が類書にない「経営教育学（≠授業科目名）」体系の確立及びそれに裏打ちされた「経営教育（＝授業科目名）」のツール提供につながり，やがて，両者が本学会編集の『経営学史事典』においてもしかるべきポジションを得るための礎となることを願っている。

注

1）　著名な経営学者の中では寡聞にして，1974 年西武百貨店社外取締役に就任して話題となった故・高宮晋（当時，上智大学教授・組織学会会長），現東芝社外取締役の伊丹敬之（元一橋大学教授，現東京理科大学教授…2015 年の不正会計問題発覚後に発足の経営刷新委員会委員長）などが挙げられるが，とにかく希少である。

2）　山城門下高弟の故・河野重榮は直近の論稿（河野 2016）でも「山城経営学」礼賛論を展開する。危惧するのは，それらの研究が「実践経営学」概念の考察と言うよりも，少なからず「全ては“バイブル”によって…」式の主張に感ずることである。

3）「…経営者ないし管理者は組織者として組織の外にあるのではなく，組織の内にあり，経営者自身組織の一員にすぎないと見るのである」（山本 1964，241 頁）とする命題は経営学の実践性にとって最重要である。

4）「『訓練』『説得』『刺激の設定』によって個人を規制することが管理過程の大部分を構成する」（傍点は辻村）（Barnard, *op.cit.*, p. 15，前掲翻訳書，15 頁）なる指摘とも符合する。

5）　職場の切実な問題なのは「全員一斉の動機づけ」問題よりもむしろ「“問題シャイン”対策≒“アイツさえいなければ…”」問題の方が多く，かつ後者の対策事例など公表する会社など稀少なことに留意を要する。

6）　直喩・隠喩は単なる「（文章技術の一種）同一現象の言い換え」にとどまらず，「新しい意味の提案」「対象の新しい把握」の手法である（思想の科学研究会 1995，283 頁抜粋要約）。電気が「水の流れ」に仮託して説明されるように（野内 1998，318 頁），「メタファーでなければ言えない世界」（同上書，37 頁）がある。

7）　全米で著名な経営コンサルタントのバーグ（B. Burg）の「敵を味方に変える技術＝究極の影

響力＝相手を気分よくさせて好印象を持ってもらい，望んでいる結果を手に入れる能力」（Burg 2013，翻訳書，1頁抜粋要約）命題などはMAにすこぶる有意と考える。

8）Roethlisberger（1977，Chap. 9）。及び坂井（1993，136-137頁），辻村（2016，34頁）を参照されたい。

9）例えば小倉昌男の手になる『小倉昌男　経営学』（小倉 1999）に対して小倉をモチーフとした小説，高杉良『挑戦つきることなし』（高杉 1995）とのコントラストが参考になる。が，森（2016）に拠れば，後者においてすら「小倉昌男→倉田正雄」と仮名にされているものの小倉のメンタル・コンディションの破綻の描写はない。

10）ある問題が話題となると決まって①批判論と②問題解決系の「ⅰ．どうすべきか？ⅱ．どうなるか？」論がリリースされる。が，「①≠経営実践に役立つ，≒無い物ねだり＆あら探し，≒過去のDMを理論で断罪≒議論としてアンフェアー，≒経営学教育視点，≠経営教育」である。「『役に立つ経営および経営学』とは何かが問われなければならない」（河辺 2015，7-8頁）との指摘は我が意を得たり，である。また②ⅰも，「論理的思考で最適な意思決定（問題解決）ができる」ならば「誰にでもできるし，コンピューターに任せられる」（松丘 2010，4頁抜粋要約）ということになる（②ⅱは文字数制限のため割愛）。よって，経営教育学は「①②（ⅰ＆ⅱ）否定スタイルの，つまり『非科学』を説明し得る科学」を目指さなければならない。

11）しかるに，2015年6月8日に出された文科省通知「国立大学法人等の組織及び業務全般の見直しについて」に端を発し，「役に立たない文系学部廃止」反対の意見がネットで炎上した。吉見俊哉は著書（吉見 2016）において，「文系学問こそ役に立つ」論拠を明示しなければならない（同上書，59頁抜粋要約）と喝破し，文系学問の長期的有用性を手段的有用性にではなく長期的に役立つ「価値軸の創造」に求めた（同上書，第2章抜粋要約）。「価値軸の創造」とは「たとえ国に批判的で，国民的な通念とは対立しても，真にクリエイティブに地球的な価値を創造していくことのできる研究者や実践家を育てることが，大学の社会に対する意味ある責任の果たし方」（傍点は辻村）（同上書，68頁）だとした。“ドラえもんのようなAI搭載の汎用ロボット”（井上 2017）が出現しかねない時代にこそ，「経営学と哲学，医学と哲学，工学と哲学」といった形で哲学が大人気となる（吉見，前掲書，162頁抜粋要約）。経営学は経営に関する専門知ではあるが実践を視野に入れるため総合知の必要性を説く必要性があり，筆者はかつて学会報告（「激化する経営教育市場と経営教育学―経営系大学院のビジネス・モデルの探求―」，2002年6月日本経営教育学会・第45回全国大会統一論題報告，於日本大学）にて，大学の学部学科ポートフォリオについて「文学部経営学科」説を唱えたことがある。

12）「Barnardは全人仮説を打ち立てたとするのは誤謬で，“全人”は現実であって仮説ではありえない。強いて“経済人”に代わる仮説を立てるとすれば“組織人”とすべきであろう」（以上，川端 2015，357頁抜粋要約）と言われるのと同様，実践も，言葉の定義はできてもモノすなわち実存（existence）の定義などできない（思想の科学研究会 1995，286-287頁抜粋要約）。

13）「およそどのような格闘技であろうと，全て人間の肉体と精神を媒介として表現される以上，（中略）つまり優劣はそれぞれの技術体系にあるのではなく，それを駆使する個人の，肉体的及び全人格的な力にある」（傍点は辻村）（望月 1997，2頁）なる指摘は本研究にとっても有意である。

14）経営書『部下は育てるな！取替えろ！！』（長野 2007）のキャッチコピー「部下の前で本書を開いてはいけない！」というのは，実践として首肯できる。

15）岩田（2016）『経営倫理とプラグマティズム』では「グレー・ゾーン＝除去対象」か。

16）「現実の組織は短命が普通」（Barnard, *op.cit.*, p. 5，前掲翻訳書，5頁抜粋要約）であるが他方で「反社会的目的の組織でも責任感さえあればしばらくは維持…」（*Ibid.*, p. 282，同上翻訳書，295頁）とあることから，本研究では「反社会的な組織にすら“しばらくは維持”の経営手腕が存在する」と考える。

参考文献

Andrews, K. R. (1968), “Introduction to the 30th Anniversary Edition,” in Barnard, C. I., *The Functions of the Executive*, Harvard Univ. Press, pp. vi-xviii.（山本安次郎・田杉競・飯野春樹訳「30 周年記念版への序言」『新訳 経営者の役割』ダイヤモンド社，1968 年，13-32 頁。）

Barnard, C. I. (1936), “Mind in Everyday Affairs,” in Barnard, C. I., *The Functions of the Executive*, Harvard Univ. Press, pp. 301-322.（山本安次郎・田杉競・飯野春樹訳「日常の心理」『新訳 経営者の役割』ダイヤモンド社，1968 年，313-338 頁。）

Barnard, C. I. (1938), *The Functions of the Executive*, Harvard Univ. Press.（山本安次郎・田杉競・飯野春樹訳『新訳 経営者の役割』ダイヤモンド社，1968 年。）

Barnes, L. B., Christensen, R. and Hansen, A. J. (1994), *Teaching and the Case Method*, 3rd ed., Harvard Business School Press.（高木晴夫訳『世界のビジネス・スクールで採用されているケース・メソッド教授法』ダイヤモンド社，2010 年。）

Burg, B. (2013), *Adversaries into Allies*, a Penguin Random House Company.（弓場隆訳『敵を味方に変える技術』㈱ディスカヴァー・トゥエンティワン，2014 年。）

Ellet, W. (2007), *The Case Study Handbook*, Harvard Business School Press.（斎藤聖美訳『「入門」ケース・メソッド学習法』ダイヤモンド社，2010 年。）

Koontz, H. and O'Donnell, C. (1964), *Principles of Management: An Analysis of Managerial Function*, McGraw-hill, Inc.

Roethlisberger, F. J. (1977), *The Elusive Phenomena: An Autobiographical Account of My Work in the Field of Organizational Behavior at the Harvard Business School*, Harvard Univ. Press.

Scott, W. G. (1992), *Chester I. Barnard and the Guardians of the Managerial State*, University of Kansas Press.

Simon, H. A. (1945), *Administrative Behavior: A Study of Decision Making Process in Administrative Organization*, The Macmillan Company.（松田武彦・高柳暁・二村敏子訳『経営行動』ダイヤモンド社，1965 年。）

有森隆（2006），『社長力──話題の経営者たちの実力と品格──』草思社。

井上智洋（2017），『人工知能と経済の未来』文藝春秋社。

岩田浩（2016），『経営倫理とプラグマティズム』文眞堂。

上原橿夫（1978），『組織戦略──管理者のための問題解決学──』産業能率大学出版部。

榎本博明（2015），『「正論バカ」が職場をダメにする』青春出版社。

小倉昌男（1999），『小倉昌男　経営学』日経 BP 社。

川端久夫（2015），『日本におけるバーナード理論研究』文眞堂。

河辺純（2015），「経営学の批判力と構想力」経営学史学会第 23 回全国大会・当日配布資料。

北野利信（1970），『現代経営のビジョン（改訂版）』評論社。

工藤健策（2003），『名将たちはなぜ失敗したか』草思社。

河野重榮（2016），「山城学説の展望とその後の展開」日本マネジメント学会編『経営教育研究』第 19 巻第 2 号，7-21 頁。

坂井正廣（1993），「レスリスバーガーとケース・メソッド」『青山経営論集』第 28 巻第 1 号，125-146 頁。

坂井正廣（1996），『経営学教育の理論と実践──ケース・メソッドを中心として──』文眞堂。

事業再生研究会（2003），『事業と社員・生活を守る社長の決断』アスカ・エフ・プロダクツ。

思想の科学研究会編（1995），『新版　哲学・論理用語辞典』三一書房。

田尾雅夫（1996），『企業小説に学ぶ組織論入門』有斐閣。

高木晴夫・市村真納（2016），「ケースメソッドによる教育の意義と可能性～公務組織・非営利組織での活用をめざして～」一般財団法人公務人材開発協会編『試験と研修』第 031 号，28-34 頁。

高木晴夫監修・竹内伸一（2010），『ケース・メソッド教授法入門──理論・技法・演習・ココロ──』慶應義塾大学出版会。

高杉良（1995），『挑戦つきることなし』徳間書店。

辻村宏和（2001），『経営者育成の理論的基盤―経営技能の習得とケース・メソッド―』文眞堂。

辻村宏和（2002），「1 経営技能の特性を前提としたケース・メソッド──『共感的学習法』に見る客観に対する主観の優位性──」『経営教育研究 5 ──新企業体制と経営者育成』学文社，1-16 頁。

辻村宏和（2003），「2『正しい理論』と経営教育（学）──伊丹敬之・加護野忠男の『経営教育』所見に寄せて──」『経営教育研究 6 ──経営実践と経営教育理論』学文社，17-34 頁。

辻村宏和（2006a），「4『賢明な経営者』と『賢明でない経営者』──経済学と『経営教育学派の経営学』の理論的前提──」『経営教育研究 9 ──経営教育と経営の新課題』学文社，50-66 頁。

辻村宏和（2006b），「第 3 部 3. 経営教育学の確立をめざして──山城テーゼ『経営学は経営教育である』の進化──」日本経営教育学会 25 周年記念編纂委員会編『経営教育事典』学文社，175-177 頁。

辻村宏和（2007），「経営教育学序説──『成功要因分析』と『経営者ランキング』の意義──」『創価経営論集──特集：経営教育の現状と課題──』第 31 巻第 3 号，51-62 頁。

辻村宏和（2008），「経営教育学序説──中心的『命題及び仮説』の意義──」『経営教育研究』第 11 巻第 1 号，59-71 頁。

辻村宏和（2008），「経営学と経営者育成」経営学史学会編『現代経営学の新潮流──方法，CSR・HRM・NPO──（経営学史学会年報 第 15 輯）』文眞堂，46-60 頁。

辻村宏和（2009），「『経営教育学』の中心的命題と KAE 原理」『経営教育研究』第 12 巻第 1 号，33-44 頁。

辻村宏和（2016）「経営教育学序説──概念と要件，そしてケース・メソッド──」『経営教育研究』第 19 巻第 1 号，27-37 頁。

辻村宏和（2017），「経営教育学序説──山城『実践経営学』概念の必要性──」『経営教育研究』第 20 巻第 1 号，77-87 頁。

長野慶太（2007），『部下は育てるな！取替えろ!!』光文社。

野内良三（1998），『レトリック辞典』図書刊行会。

松丘啓司（2010），『論理思考は万能ではない』ファーストプレス。

村本芳郎（1982），『ケース・メソッド経営教育論』文眞堂。

望月昇（1997），『神秘の格闘技　ムエタイ』愛隆堂。

森健（2016），『小倉昌男　祈りと経営』小学館。

安本美典（1997），『説得の科学──何が人の心を動かすのか──』PHP 研究所。

山城章（1960），『実践経営学』同文館出版。

山城章（1965），「第二章　経営学と経営者教育」高瀬荘太郎編『経営者教育』経林書房，29-42 頁。

山城章（1982），『経営学〔増補版〕』白桃書房。

山本安次郎（1964），『増補　経営学要論』ミネルヴァ書房。

吉見俊哉（2016），『「文系学部廃止」の衝撃』集英社。

吉原正彦（2006），『経営学の新紀元を拓いた思想家たち──1930 年代のハーバードを舞台に──』文眞堂。

和歌森太郎（1973），『天皇制の歴史心理』弘文堂。

4　経営学の「科学化」と実証研究
——経営学史研究の意義——

勝　部　伸　夫

Ⅰ．はじめに

経営学とは何か。経営学は科学なのか。また経営学は実践で役に立つのか。こうした素朴な疑問の声は，経営学を学んだことのない高校生や，あるいは逆にビジネスの最前線にいる人たちからも，しばしば聞こえてくる。この問いに真摯に，しかも分かり易く答えると一体どうなるのであろうか。さらに言えば，こういう問いが経営学以外で発せられることはあるのだろうか。

ところで今回の経営学史学会の統一論題は「経営学史研究の挑戦」である。本学会では，これまで直接間接に「経営学とは如何なる学問であるのか」を問うてきたし，ある意味では自問自答するように「経営学史研究は何のために存在するのか」を論じてきた。今回改めてそれを問おうというのであるが，〈サブ・テーマⅡ〉は，「経営学史研究から実証研究への挑戦：経営学における“有用性”」である。そして趣意書によれば，「経営学史は実証研究に対して，何を発信できるのか。経営学史研究や経営学の原理的研究もまた，経営の現実世界と向き合っている。その点を踏まえて，学史研究の独自性・独創性がどこにあるのかを明らかにする」となっている。なお今回は学史研究という軸に立つのではなく，逆に「経営の現実世界，経営実践という軸に立って経営学史研究を捉え，何を解明でき，何が課題となるのか，という接近方法をとり，挑戦を行う」とされている。要するに，実証研究の占める割合が大きくなる中，現実世界から経営学史研究の有用性，あるいは存在意義を問おうというのである。

そこで本稿ではまず，経営学の歴史が「主流」と「本流」に二分され，前者の「科学化」が大きな流れになっていることを見ていく。そしてアメリカあるいは世界の研究動向に追随し，日本でも実証研究中心になってきていることを明らかにする。次に，日本の経営者が経営理論を実際にどう活用しているのかを事例を挙げて分析することで，実務家にとって経営理論が果たしている役割を検証する。その上で，改めて経営とはどのようなものであり，経営学が如何なる役割と性格を持っているのかを確認する。そして最後に，実証研究中心になっている中で，経営学史の研究は如何なる意味を持っているのかを論じることにする。

Ⅱ．経営学の「科学化」――実証研究の台頭とその意味

ドイツとアメリカで経営学が生まれてすでに1世紀以上になるが，この100年はマネジメントの世紀であり，さらに言えば産業革命に続くマネジメント革命の時代であった。今日の豊かな社会を生み出したのは企業組織であり，その組織の学であるマネジメントを研究する経営学は最重要な学問となっている。経営学が重要なのは，組織を対象とする学問として実践的であり，また実際に成果を上げてきたからである。そして実践的な性格を濃厚に持つ経営学の研究をリードしてきた中心的な人物に中に，テイラーのような機械技師やファヨール，バーナードのような会社経営者がいたことは決して偶然ではなかろう。ドラッカーもまた経営コンサルタントであることに拘り，経営の実務に直接的，間接的に大きく関わってきた。つまり現場での経験から理論が生まれ，またそれは実践と離れがたく結びついていたのである。そこに経営学の一つの学問的特質が見て取れる。

さて，経営学はテイラーの科学的管理法によって生産現場における仕事の生産性を飛躍的に高めた。その神髄は「経験から科学へ」と「対立から協調へ」の2本柱であった。今日の経営学の大きな礎を築いたテイラー理論であるが，その後の経営学の展開は，テイラーに倣って2本柱で行くのか，それとも1本柱で行くのかによって大きく分かれることになる。三戸公はテイラー，フォレット，バーナード，ドラッカーを，いずれもこの2本柱を重視

する理論家として「本流」と呼び，その他の理論家の多くは「科学化」という1本柱を重視し，その方向にひた走る「主流」と位置づけた（三戸 2002年）。換言すれば，前者は哲学的アプローチを重視し，後者は科学的アプローチを重視すると捉えることも出来る。哲学的アプローチは全体と部分とを統合的に把握しようとするに対し，科学は要素分解・要素還元的に接近してゆくものである。この区別こそが今日の経営学の性格を考える上で極めて重要な意味を持つ。

経営学の現状は，いまや科学的アプローチを重視する主流派が大きなウエートを占めるようになってきている。もともと機能性追求の知識体系である技術はテイラーによって科学とされ，そうした科学観の元で，経営学をはじめとする諸科学は真理追究の科学から機能性追求の科学へと大きく転換した。機能性の追求を目指すのであるから，それが何であり，どういう意味があるかといった物事の本質や意義を明らかにすることには主眼は置かれず，むしろそれが何のためにどれだけ役に立つのかが重視される。そしてテイラーの科学観に見られる通り「収集し，分類し，分析し，法則・規則を発見し，それを形式化すること」を基本とし，限定された領域で特定の現象を測定し分析していく。具体的には，統計的手法を駆使した「仮説－検証」型の実証研究が盛んに行われるようになってきた。ある現象に対してその因果連関を説明する仮説を提示し，データを用いて統計的に処理していき，最終的にその仮説の正しさを実証するのであるから，その限りでは説得的である。こうした定量的な分析に対して定性的な分析もあるが，今日では明らかに前者が優位に立つ傾向が見て取れる。

では，今日のアメリカにおける経営学研究はどうなっているのであろうか。次のエピソードは，まさに主流派一辺倒とでも言うべき状況にあることを如実に示している。アメリカの大学で研究していた入山章栄は，日本ではドラッカーの本が書店に並びよく読まれているのに対し，ビジネススクールの教授の大半は，ドラッカーの本を「学問としての経営学の本」とは認識していないし，研究においてもドラッカーの影響は受けていない，とアメリカのアカデミズムの現況を紹介している（入山 2012）。なぜ，研究者はドラッカーを読まないのか。少なくともアメリカの経営学者は「社会科学としての経営学研究の競争に勝つためには，科学ではないドラッカーなど読んでいるヒマはない」（入山 2015）というのがその理由のようである。多くの経営学者にとって，「優れた研究」として評価される基準は，第一に厳密性＝厳密な理論展開と実証分析，第二に「知的に新しい（Novel）」ことが重要だと入山は言う。つまり科学的な装いをまとって，新味のある研究をすることこそが最重要だというのである。そうであれば，経営の現場で「役に立つかどうか」「どれだけの意味があるか」といった点は，アメリカの経営学者にとっては，最重要な関心事ではなく二義的でしかなさそうである。

この話から看取できるのは，アメリカあるいは世界の経営学が目指す方向性とそのための手法は，一言でいえば経営学の「科学化」ということである。そのために，書かれる論文は定量的，演繹的アプローチによって仮説が実証され，レフリー付の有力なジャーナルに掲載されることでお墨付きを得る。高いランキングのジャーナルにどれだけ多く論文を書いたかがその人の業績としてランク付けされ，またそれが大学等での任用や昇進にそのまま結びつくことになる。したがって，可能な限り有力ジャーナルに採用されるような研究でなければならず，また実際にそういう研究が多数を占めることになる[1]。

しかし，これは決して経営学に限った話ではなく，ほとんど社会科学全般に共通する傾向と見てよかろう。経済学はまさにその典型と言ってよい。佐和隆光はかつて，アメリカでは経済学は「制度化」されていると鋭く指摘した（佐和 1979）。ここで言う経済学の「制度化」とは，簡単に言えばエコノミストと称する職業集団が社会に広く容認されているということである。これらの人々は共通の専門用語と文法を操る専門家集団であり，経済のプロである。専門の訓練を受けていない一般の人々の素人談義などは認められない。こうした科学の「制度化」のためには，① 統一化された方法論，具体的には科学の内容が「教科書化」され，要素還元的で計量化，数量化された方法をとっていること。② 社会において「有用」であると認められていること。以上の 2 点が必要だという。佐和は，アメリカでは経済学のみならず経営学も「制度化」されており，夥しい数のビジネススクールがありその隆盛こそが経営学の「制度化」の証左だとしている。ただし，②については誤解のないように若干の説明が必要である。「有用」であるというのはそれが即経営の現場において「実践的で，役に立つ」ということを意味する訳では必ずしもない。ビジネススクールが繁盛するのは「ビジネスエリートはMBAでなければならない」という社会的な暗黙の了解があるからであって，そこで受けた教育が経営者になった後の手腕にそのまま直結しようがすまいが，極端な言い方をすればどうでもいいのである。経営学はその限りで「有用」な学問と認められているということである。また，①についてもそのまま経営学には該当しない面がある。つまりアメリカでは経済学は「教科書化」しているが，経営学は誰もが共通に教えるような標準的なテキストはなく，「教科書化」していない（ミンツバーグ 2006）。このような違いは確かにあるが，経済学に準ずる形で経営学も「制度化」しているのである。

ではこうした状況はそのまま日本でも当てはまるのであろうか。少なくとも昨今の動向を見る限り，日本でも経営学の「科学化」が急速に進んで来ていることは間違いない。経営学関連のジャーナルに載る論文を見れば，アメリカほどではないにしろ日本でも似たような流れになってきている。つまり統計的手法を駆使した実証研究が急速に拡大してきているのである。例えば，1980年代から2000年代まで，10年毎に区切ってみた「組織科学」掲載の自由論題に占める実証研究の比率は，それぞれ41%，83%，91%と急増していることが第24回大会でも報告されている（藤井 2016）。研究手法としては実証研究抜きには語れないところまで来ていると言ってもよいかも知れない。

ただし，日米で決定的に違うのは，アメリカでは経営学がまがりなりにも社会的に「有用」であると認められ「制度化」されてきたが，日本では必ずしもそうはなっていないことである。ビジネススクールはアメリカほど繁盛しているわけではないし，たとえビジネススクールを出てもそれだけで出世が保証される訳ではなく，直ちに経営のプロとは認められないからである。

では経営理論の方はどうであろうか。日本では実務家は経営学をどう評価し，経営理論を積極的に活用しようとしているのであろうか。特に実証研究のウエートが大きくなる中で，経営者はデータ分析による「科学的」な知見こそが重要だと思っているのであろうか。それを次に見てみよう。

Ⅲ．経営学の理論と実践――経営者は経営理論をどのように用いるか

日本が生んだ世界的に著名な経営者としてすぐ頭に浮かぶのは松下幸之助（松下電器），本田宗一郎，藤沢武夫（本田技研），井深大，盛田昭夫（ソニー）といった名前であり，最近では稲盛和夫（京セラ）などもそうであろう。こうした経営者たちは独自の理念や経営手法を編み出しており，しかもそれぞれが自らの事業体験に基づく経営思想を著作として出している。彼らは恐らく大なり小なりいろいろな人物や考え方に影響を受けたであろうが，ここでは経営者が自らの著作の中で，明確に経営学あるいはその隣接の理論に影響を受けたと語っている事例を挙げておこう。

まず宅急便の生みの親である小倉昌男である。宅配事業は今やなくてはならない社会的インフラに育ったが，このビジネスモデルを考案し事業を成功に導いたのが小倉である。彼もまた名経営者と言ってよいが，自らの体験を語った著作の中で，「私が宅急便を開発するに当たって，セミナーや講演を通じて得たさまざまな知識を吸収し，試行錯誤しながら経営に反映させていった」と述べている（小倉 1999）。マーケティング，業態，全員経営といった，ヤマトの経営に直接反映される発想を，いずれも講演で聞いて学んだという。小倉は，それまでの運送業界にはなかった市場とかマーケティングの概念を学び，同じ市場にあっても業態が違えば経営の論理が違うことを知り，個々の従業員が経営目標に向かって自発的，自主的に行動する全員経営に興味を持った。経営学や流通の理論が，小倉には新鮮に響き，経営者マインドを刺激したのである。小倉は言う。「数々のセミナーや講演を聞いた結果，私が得たもの－それは，経営とは自分の頭で考えるもの，その考える姿勢が大切であるということだった」。どのような知識や理論でも聞いたり学んだりすることは大切であるが，それだけで事業経営を成功させることはできない。経営の知識や理論は経営者自身の中で消化吸収され，経営者が自分の頭で考え，実践の場で活かして初めて意味を持つ。だから経営者には「論理的思考」と「高い倫理観」が不可欠だ，と小倉は最後に強調している。

次に，ユニクロ・ブランドで有名なファーストリテイリングの創業者・柳

井正の事例を見ておこう。彼はテレビ番組で「わがドラッカー流経営論」(NHK「仕事学のすすめ」2009年6−7月）を熱く語り，それをタイトルにした本も出している。柳井は，ここまで事業が成長してこられたのは，ドラッカーの著書との出会いによる部分が大きい，と率直に述べている。彼は事業を行う上での大きな転機，すなわち家業の紳士服店（ユニクロの前身）の継承，株式の上場，フリースブームの終焉といった自社の経営の大きな節目節目でドラッカーを読み直し，自分の立ち位置を確認するとともに，ドラッカーに励まされてきたという。柳井はそのドラッカー理論について次のように言っている。巷には経営学の本が溢れているが，ほとんどの経営学者は理論でばっさばっさと切っていくだけで，そこには「人」が存在していない。しかし，ドラッカーの経営理論の中心には「人」がいる。それが一番の魅力だと述べている。これは経営学を考える上で重要なポイントの一つであろう。

ところで柳井はドラッカーの『プロフェショナルの条件』を従業員全員に配ったことがあるという。ただし，ドラッカーの著書を読んで知識として身につけただけでは，たいして意味がない。当たり前のことを当たり前に書いてあるだけだからだという。「『ドラッカーはこんなふうに言っているけど，自分にとってそれはどうなのか？』と問いかけながら読み，自分の頭で考え，行動することが大切」だと柳井は指摘する（NHK「仕事学のすすめ」制作班 2010)。

さて，ここで挙げたのは特定の企業におけるわずか二つの事例だけではあるが，経営者が経営理論をどう受け入れ，如何にして実践で活用しているのかの一端を如実に示しているのではなかろうか。まず，この二つの事例に共通するのは，セミナーで話を聞いてくるか自分で本を読むかの違いはあるにせよ，いずれも経営学やマーケティングの理論を知識として学び，それを経営者自身が自らの思考プロセスの中で咀嚼し，確認し，実践していることである。当然のことながら理論をそのままストレートに実行に移すといったような単純な話ではない。大切なのは経営者が自分で考え，そして試行錯誤しながら実行に移している点である。経営理論が現場で活用されるか否かは経営者次第である。いずれにしろ，さまざまな経営理論が経営者に考えるヒントを与えたり，あるいは思考の裏付けになったりしているのであるから，経営理論が直接間接に用いられているという意味では「役に立っている」と言って間違いなかろう。

次に問題なのは，その経営理論の中身である。アメリカの経営学者がドラッカーに見向きもしないという話は先に紹介した通りであるが，研究者が科学的ではないとしてドラッカー理論を退けてしまうことと，実務家である経営者＝行為者がそうした理論をどう受け止めるかは，まったく別の問題である。ドラッカーの著作は世界でベストセラーになってきたし，とりわけ日本では多くの読者を得た。ドラッカー理論に励まされ，また参考にして事業を行ってきた経営者は決して少なくない。経営者にとって刺激的で，考えるヒントを提供する経営理論のメルクマールは，それが統計的な裏打ちがある「科学的」な研究かどうかが唯一最大のものでは決してない。理論における論理性，一貫性，妥当性は言うまでもなく重要であるが，それが受容されるか否かは経営者の感性や直感に依存する面があることは認めざるを得ない。

経営学に関しては，わが国でも従来，「役に立たない」「現実の後追い」といった批判が実務家の側から出されることもあったが，ここまで見てきて明らかな通り，経営学，経営理論の「実践性」は失われてしまったわけでは必ずしもなさそうである。要は「実践性」をどう捉えるかである。経営理論が目先のさまざまな現実的問題に的確な処方箋を直ちに提供できる「魔法の杖」でないことは確かである。そもそも「ワン・ベスト・ウエイ」はあり得ないのであるから，それは当然であろう。もしそれを指して「役に立たない」と実務家が批判するのであれば，そのような経営理論はそもそもないということになる。むしろ経営理論の「実践性」とは，経営者に知識や情報をもたらすだけではなく，思考するための枠組みを示し，考えるヒントや指針を提供するところにあるのではなかろうか。例えば，企業とは何か，企業は何のためにあるのか，といった問いに答えることは，経営の「実践性」とは一見無関係のように見えるが，実は経営の存在理由や企業が目指すべき指針を考える上で，経営者にとって思考の大きな拠り所になっている場合があるのである。

Ⅳ．経験科学としての経営学――経営学研究には何が必要か

本稿でもすでに指摘した通り，経営学の「科学化」は急速に進んできている。対象と方法を限定して調査・研究・分析するのであるから，その限りではという前提はあるものの経営学の「科学化」は機能性，有効性をこれまで発揮してきたことは間違いない。つまりテイラー以降，経営学は「科学化」することで「実践性」を獲得してきた。

しかし，経営学は組織を対象とする管理の学，人間協働の学であり，突き詰めていけば「人間の学」だと言ってよい。C. I. バーナードが「人間とは何か」から主著を書き始めたのも正にそのことの反映である。そして組織論，管理論を全人仮説に基づいて展開したのはバーナードならではであり，またそこにこそ今日の経営学を形作る原点があった。バーナードは人間の意思決定を機会主義と道徳性の2面で捉えていこうとした。これも彼の人間観から出てくるものである。ところがバーナードの後継者を自認するH. A. サイモンはバーナードの機会主義と道徳性を事実前提と価値前提に言い換えた上で，前者のみを扱うことで意思決定の科学を構築し，そうすることで高い科学性を獲得した。そしてそれは今日の経営学の主流をなしている。マネジメントの学である経営学が，テイラー流の科学観とその適用によってこそ成果を上げられるというのであれば，徹底して「科学化」を推し進めればよい。しかし，マネジメントは「科学化」によってのみ成果を上げられるものではない。

ドラッカーは「マネジメントは組織だった知識の集まりであり，そうしたものとして，どこにでも応用できるという学問であるが，反面，マネジメントはまた『文化』でもある。マネジメントは『価値観から解放された科学』ではない」と明言している（ドラッカー 1974)。ドラッカー理論において，マネジメントは規範である。そして彼は「結局のところ，マネジメントは実践である。マネジメントの本質は『知ること』ではなくて『行うこと』」（同上書）だと断じている。また同じくミンツバーグは，マネジメントにはサイエンスに基づく手法は欠かせないが，サイエンス以上にアートの要素（ビ

ジョン，創造的発想）が必要であり，それにも増してクラフトの要素（経験，現実にそくした学習）が不可欠だと指摘している。マネジメントは，予め決まっている一定の「方程式」を当てはめて行動するだけではうまく行かないということである（ミンツバーグ 2011）。

マネジメントを実践するのは言うまでもなく実務家である経営者＝行為者である。そして実務家＝経営者＝行為者は科学やその技法だけを用いて経営を行っているわけではない。ミンツバーグ流に言えばサイエンスだけでなくアートとクラフトを融合させて実際の経営は行われており，経営者はアートやクラフトの要素を持ち合わせていないと的確な経営はできない。これは経営の「実践性」を考える上でも極めて重要なポイントである。経営の技法としてのサイエンスだけを知っていても十分ではなく，歴史，哲学，思想，倫理などの「人文知」が必要だということである。ドラッカー経営学に即していえば，経営者には「教養としてのマネジメント」が求められているということである（マチャレロ他 2013）。またこのことは経営学に限ったことではなく，同じく経済学を本当に使いこなそうとすれば「人文知」が不可欠であり，単に教科書化された経済学を学ぶだけでは，張り子の虎を超えることはできないと指摘されている（佐和 2016）。日本の文科省が進める「役に立たない」文系の軽視は，実は「実践性」をはぐくむ豊かな土壌を疲弊させてしまうということなのである。

では経営学研究者の方はどうであろうか。経営学者は行為者である経営者の活動，そしてその結果現れる企業や組織活動の成果を分析する。経営学者は実務家とは違い行為者ではないのだから，研究においては狭く限定した科学的手法を用いて研究すればそれで良いということになるのであろうか。この点こそが問題である。結論から言えば，マネジメント研究，経営学の研究にも哲学，倫理，規範を取り上げ，それを科学的知見と統合してトータルに見ていくことが不可欠であろう。科学の名の下に，歴史，哲学，倫理，規範，価値，意味といったものをすべて排除したり，あるいは軽視していたのでは，経営の実態を豊かに語り，来たるべき未来を的確に見通すような理論や学説は出てこない。三戸は，管理の学には科学的アプローチと哲学的アプローチがあると論じたが，同様の分類として測定科学に対して経験科学という言い方もしている。なぜ経験科学なのであろうか。もともと社会科学は経験科学であったが，今や数量的に把握することを中心にした測定科学になってしまっている。しかし人間の認識の基礎は五感であり，経験である。それに基づいて倫理，規範，価値，意味が語られねばならないし，またそうすることで経営の部分と全体が統一的に把握されることになる。経営の根幹には人間がいることを忘れてはならない。経験科学であることは経営学にとっては重要な特質である。経営の「実践性」などとは無関係に見えるかも知れないが，経営学が価値や規範を含んだトータルな学問であるところがむしろ強みであり，またそうであるからこそ実務家に思考や判断の基礎を提供することが出来るということになろう。

V．経営学史研究の意義と貢献

経営学研究は「科学化」によって一方では多大な成果を上げてきたが，ここまで繰り返し述べてきた通り，実証研究中心の「科学化」が多様な経営の現実を適切にすくい取り，理論に結びつけられているわけでは必ずしもない（菊澤 2015）。逆に問題も指摘されている。そうした事例の一つが，本学会でも報告された日本の実証的経営戦略研究が陥った陥穽である。これは昨年の大会の基調報告でも取り上げられているが（池内 2016），ここでもう一度紹介しておこう。

自らも実証的経営戦略の研究に携わる沼上幹は，80 年代にわが国で行われた二つの実証研究を取り上げ，それが陥った問題点を指摘している（沼上 2007）。それによれば，日本の経営戦略研究はポジショニング・ビュー（PV）に対してリソース・ベースド・ビュー（RBV）に傾斜し，そうした流れの中で，アメリカでは重要な論点であっても日本の企業の現実には適合しない面に注目してしまったという。その結果，今日の日本の家電メーカーの問題点を見過ごし，その凋落を見抜けなかったのである。したがって，沼上は「いつの時代にも，歴史的・社会的コンテクストに注意を払わなければ，研究の方向付けを誤る可能性がある」と述べた上で，「実証研究に携わる者も経営学説史を学ぶことが是非とも必要」であると論じている。この報告にコメントした庭本佳和は，沼上の真摯な反省を評価した上で，「実証研究であれ，学説研究であれ，『対象に浸りつつ，対象に溺れない』ことが肝要である。これを忘れて批判的な目を失えば，実証研究は『現にある企業の姿』を描いて終わる」と鋭く指摘している（庭本 2007）。

実証系の研究者が自分たちの研究の意義に関して上記のような反省とも取れる発言をするのは極めて珍しいと思えるが，それだけではなく，「歴史的・社会的コンテクスト」の重要性を指摘している点は，実証に携わる側の研究者の発言だけに重い意味があろう。しかし，問題なのはこうした認識が実証中心の研究者に広く共有されている，あるいはされつつあるかどうかである。意識，無意識は別にして，「科学」としての経営学の研究を指向する立場の研究者にとっては，そのような発想の転換は決して容易ではなかろう。そういう意味では，学史研究が実証系の研究者ににわかに注目されるようになるとは思えない。

では経営学史研究と実証研究の協働ははたして不可能であろうか。逆にもし可能であるとすれば，どのようなやり方があるであろうか。庭本は，バーナード理論研究者と実証研究者の協働について言及している（庭本 2012）。それによれば，「学説研究者は実証的研究を理解できず，実証経営学者は学説研究に関心がない」と，やはりその難しさを率直に認める。しかし，実務家が行為の観点から著した理論枠組は，実証主義的研究に必要であり，そうした視点を身につければフィールド調査などに威力を発揮すると指摘する。そしてバーナード理論や概念を実証研究者が使えるように提供できる段階に達しており，協働の道は切り開かれていると強調する。ただし，この協働はバーナードの理論枠組みを前提に，実証主義経営学の方法を活用しようというもので，その逆は成立しないと見ている。つまり主は理論枠組みであり，従は実証主義経営学の方法であって，両者の対等な関係を前提にしていない。

さて，以上見てきた通り，経営学史研究の成果をそのまま実証研究に持ち込んで活かすのは容易ではない。しかし，例えそうだとしても，経営理論や学説を歴史的に検証し，理論の背景や意味を説き明かし，さらには理論そのものを鍛えまた位置づけていくことなしに，目先の現象を追うだけでは真に「実践的」な経営学にはならないであろう。そういう意味では経営学史研究は経営学研究には貢献できる成果をもちえるが，それをどう発信して理解してもらえるかはいまだ大きな課題である。

Ⅵ．むすび

本稿では経営学の「科学化」を問うてきたのであるが，アメリカでも日本でも，研究者レベルでは実証研究がまさに「主流」となっている。経営学は「科学化」することで研究の精度や信頼性，客観性が増したことは確かであり，それは一面では威力を発揮してきた。ただ，それが「実践的」なものになっているかといえば，必ずしもそうとは言えないであろう。アメリカでは，実務家が現場での意思決定に経営学を用いないということが問題となっている（Rousseau 2006；服部 2015)。一方日本では，「科学」の枠を超える「本流」のドラッカーなどが実務家にも受け入れられている現実がある。経営現象をサイエンスのみで捉え分析することの限界を知らねばならない。

さて最後に，この問題を「文明」というもっと大きな観点から取り上げた議論を紹介して稿を閉じたい。村田は，テイラー以降の科学技術に対する無批判，無責任な受容，つまり一つの文化価値に固執して全体を顧みない状況を，ホワイトヘッド，バーナードを援用して「具体性の置き違い」として論じている。「具体性の置き違い」とは，科学技術が人間の主体性の下に置かれ制御されていたはずのものが，いつの間にか逆転してしまっていることを指す。それによって人間性の喪失，文化多元性から生起する負の影響，自然環境の破壊が進んできたのであり，例えば「フクシマ」はまさにそのことをわれわれに突きつけた。目先の「実践性」をどう獲得するかという視点だけでは経営学は「具体性の置き違い」に加担するだけになりかねない。そういう意味で，実証研究中心の流れの中で経営学史研究の果たす役割はきわめて大きいと言わねばならない。

注

1）　アメリカの経営系のジャーナルがすべて実証系の論文で埋め尽くされているわけでは必ずしもない。アメリカ経営学会の機関誌には *Academy of Management Journal* と *Academy of Management Review* があり，後者は概念的，理論的，歴史的な視点から論じられた論文が掲載されている。詳しくは藤井（2017，22-24 頁）を参照。また大会の報告時に，フロアーからも同様な指摘を頂いた。

参考文献

Drucker, P. F. (1974), *Management: Tasks, Responsibilities, Practices*, Harper & Row.（野田一夫・村上恒夫監訳／風間禎三郎ほか訳『マネジメント：課題・責任・実践（上・下）』ダイヤモンド社，1974年。上田惇生訳『マネジメント：課題，責任，実践（上・中・下）』ダイヤモンド社，2008年。）

Maciariello, J. A. and Linkletter, K. (2011), *Drucker's Lost Art of Management: Peter Drucker's Timeless Vision for Building Effective Organizations.*（坂井和男・高木直二・井坂康志訳『ドラッカー　教養としてのマネジメント』マグロウヒル・エデュケーション，2013年。）

Mintzberg, H. (2004), *Managers Not MBAs: A Hard Look at the Soft Practice of Managing and Management Development*, Berrett-Koehler Publishers.（池村千秋訳『MBAが会社を滅ぼす──マネジャーの正しい育て方』日経BP社，2006年。）

Mintzberg, H. (1975, 1976, 1981, 1987, 1994, 1996, 1998, 1999, 2003), *Harvard Business Review Henry Minzberg on Management*, Harvard Business School Press.（DIAMONDハーバードビジネスレビュー編集部編訳『H.ミンツバーグ経営論』ダイヤモンド社，2007年。）

Rousseau, D. M. (2006), "Is There Such A Thing As "Evidence-Based Management" ?," *Academy of Manegement Review*, Vol. 31, No. 2, pp. 256-269.

池内秀己（2017），「経営学史研究の興亡」経営学史学会編『経営学史研究の興亡（経営学史学会年報 第24輯）』文眞堂。

入山章栄（2012），『世界の経営学者はいま何を考えているのか──知られざるビジネスの知のフロンティア』英治出版。

入山章栄（2015），『ビジネススクールでは学べない世界最先端の経営学』日経BP社。

NHK「仕事学のすすめ」制作班編（2010），『柳井正：わがドラッカー流経営論』日本放送出版協会。

小倉昌男（1999），『小倉昌男　経営学』日経BP社。

小倉昌男（2003），『福祉を変える経営──障害者の月給1万円からの脱出』日経BP社。

菊澤研宗（2015），「新制度派経済学研究の停滞とその脱却」経営学史学会編『現代経営学の潮流と限界（経営学史学会年報 第22輯）』文眞堂。

佐和隆光（1979），『経済学の世界　アメリカと日本』東洋経済新報社。

佐和隆光（2016），『経済学のすすめ──人文知と批判精神の復権』岩波新書。

庭本佳和（2007），「経営戦略研究の新たな視座」経営学史学会編『経営学の現在（経営学史学会年報 第14輯）』文眞堂。

庭本佳和（2012），「行為哲学としての経営学の方法」経営学史学会編『経営学の思想と方法（経営学史学会年報 第19輯）』文眞堂。

沼上幹（2007），「アメリカの戦略論と日本企業の実証研究」経営学史学会編『経営学の現在（経営学史学会年報 第14輯）』文眞堂。

服部泰宏（2015），「経営学の普及と実践的帰結に関する実証研究」『経済学論究（関西学院大学）』第69巻第1号。

藤井一弘（2017），「『歴史学的視点から見た経営学史』試考」経営学史学会編『経営学史研究の興亡（経営学史学会年報 第24輯）』文眞堂。

三戸公（2002），『管理とは何か──テイラー，フォレット，バーナード，ドラッカーを超えて』文眞堂。

村田晴夫（2017），「文明と経営，その哲学的展望に向けて──経営学における具体性とは何か──」『経営論集（明治大学経営学研究所）』第64巻第4号。

5　物語る経営学史研究

宇田川　元　一

Ⅰ．研究の目的

本研究の目的は，経営学史研究と実践との関係とを新たに考察することにある。経営学史研究は，学説の展開の歴史を中心に，新しい理論がどのように学説の展開過程に位置づけられるのか，あるいは，過去の学説がどのような学説史上の意義を有しているのかを明らかにしてきた。無論，これ以外の意義も大いにあるであろう。だが本研究は，実践とどのように経営学史研究が向き合うのかということを考察することを目的とし，その際に，語り（narrative）の観点を付加することを試みる。これによって，物語る経営学史研究というひとつの視座を示すことを試みる極めて試験的な考察である。

確かに，現代の組織を取り巻く環境は劇的な変化の中にある。かつて強い競争力を誇った企業たちは，2000年以前には存在すらしなかったベンチャー企業たちに次々と業界自体を大きく変えられ，例えば，日本の大手製造業は中国や台湾の企業からの事業買収に直面してきた。世界のインターネット接続環境は，Linuxというオープンソースのコミュニティによって，無償で作られたOSが維持している。タクシーはライドシェアに代替されつつあり，また，ルームシェアのサービスの提供プラットフォーマーのAirbnbの時価総額は，実際の不動産を保有しているマリオット・インターナショナルをも上回っている。今後のIoTや人工知能の開発の進展は，既存の産業や我々の働き方をも破壊的に変えていくことはほぼ間違いないであろう。しかも，その牽引役は今までにあまり耳にしたことのないような企業たちである。このようなことを一体誰が15年前に想像し得ただろうか。このような劇的，爆発的に変化する世界を前に，経営学史研究者は，時にその研究意義に戸惑いを覚えるかもしれない。

しかし，経営学史研究に語りの視点を付加することによって，現代のこうした爆発的変化の時代との対話可能性を探っていくことはできないだろうかと筆者は考える。歴史は，科学的に構造から捉えようとする視点とは別に，神話的に出来事から語りとして捉えようとする視点もまた可能である（Lévi-Strauss 1962）。この後者の観点から経営学史研究を捉え直したときには，新たなテクストとテクストの繋がりを器用人として物語る存在に経営学史研究者が位置づけられるからである。しかし，新しい方法を考える上では，新しいメタファーが必要である。そのメタファーとして，Engeström（2009）の「山火事活動（wildfire activity）」を用いることにする。だが，その前に，二つの論点を考えるところから始めたい。第一に，物語るとはどういうことか，なぜそのようなことを敢えて考える必要があるのかという点である。この点を考察することによって，もうひとつの歴史の観点がいかに可能なのかについて考察を行いたい。

第二の論点は，実践とは何かについてである。実践という言葉は，近年経営学研究の様々な領域で述べられているが，筆者はその中心には語りがあると考える。すなわち，語りは実践であるという点について考察を行っていきたい。様々な組織における実践も，研究実践もいずれも語りであるという点から見れば，両者は何らかの形で交差が可能になるのではないだろうか。無論，筆者は歴史学者でもなければ，実践家でも哲学者でもない。しかし，これらに対して語りという視点は，歴史と実践とを結びつけうる可能性があり，新たな経営学史研究の在り方を考えるきっかけになるのではないだろうかと考える。これらの考察を通じて，テクストとテクストの出会いを探求し，語り直していく実践の研究領域として，経営学史研究を構想したい。

Ⅱ．語りなどという刹那的なものをなぜ真面目に考える必要があるのか

論理と論証に基づいた学問の世界において，物語などという，刹那的で客観性に欠いたものをなぜ議論する必要などあるのだろうか。Czarniawska

(1997) は,「組織の物語はどのような事実の組み合わせも成し得なかったようなやり方で,組織生活を捉える。なぜならば,物語はそれ自身の生活(世界)をもたらすものであり,単なる「報告」ではないのである」(p. 21) と述べ,物語こそが我々の生きる世界をもたらすものであると述べる。では,物語はどのように我々に生きる世界をもたらすものなのだろうか。ここで物語,あるいは語りというものについて,少し考えてみたい。

物語とはそもそも何だろうか。野家 (2005) によれば,我々は語ることによって出来事を経験へと編成していることを指摘する。我々は極めて多様な出来事に遭遇する。しかし,それらすべてが経験されるわけではない。経験されるためには,その出来事に対して何らかの構造を暫定的に充てがいながら,それらの出来事の関係性を編成することが不可欠なのである。それゆえ,Aristotle は,演じることにおけるミメーシスの重要性を説いた。ミメーシスとは模倣の語源であるが,模倣とは単なる繰り返しではない。模倣とは,元のテクストを現在の状況というテクストとの間でダイナミックに再編成する行為である。すなわち,ミメーシスとは語ることなのである。我々の語りを媒介する構造が物語であり,行為こそが語りである。すなわち,我々の経験は,何らかの物語に媒介され,語る行為によってダイナミックに編成されるのである。

この語る行為のダイナミズムにいち早く注目し,実践へと展開していったのは,臨床心理の領域であった。語ることの意義を考えるために,臨床心理の領域におけるナラティヴ・アプローチに若干の考察を試みたい。White and Epston (1990) は,ナラティヴ・アプローチの臨床心理実践をいち早く展開したことで知られている。彼らは Foucault の主張にもとづきながら,我々の経験が何らかの支配的な物語(ドミナント・ストーリー:dominant story) に媒介され,形作られていることを指摘した。典型的なのは,抑うつのような精神障害,ADHD などの発達障害は,これまで精神障害ケアや一般的な認識としても,個人の「中」に内在する問題として我々は語り,構成してきたことである。これは,近代が作り出した独立した個人という物語に媒介された一つの語りであると White and Epston (1990) は指摘する。このドミナント・ストーリーは,我々に起きた出来事に対して特定の方向からの語りを媒介するが，それによっては語り得ぬ出来事が同時に発生してくる。通常のドミナント・ストーリーに基づいたケアの実践で語られる疾患の語りに抑圧されるが故に，語り得ない苦しみが生じた時，すなわち，クライアントに，語り得ぬ苦しみと常識的な理解との間との差異が生じた時に，この語り得ないものを語らんとする契機が生じるのである。この契機をより表出化させ，そうした語り得ぬ出来事の中に希望を発掘する行為として，サイコセラピーを White and Epston（1990）は位置づけたと言ってよいだろう。そのために彼らが行ったのは，問題の外在化（externalization）やリ・メンバリングなどの会話的，言語的な介入であった。これは，ドミナント・ストーリーに基づいた「問題」を「個の中に閉じたもの」として捉えるのではなく，具体的に対象化，外在化させ，問題とクライエントの間に新たな関係性を構成しようとする介入実践である。例えば，ADHD だとして親がカウンセリングに連れてきた子供に対して，「君の ADHD は何色？」という質問から次々と具体的なイメージを構成する問いを投げかけることで，その子供の内側にあった問題が，対象化，外在化され，具体的な形をもってその子供と対置する存在として構成されてくる。その結果，内側にあった際には語り得なかった，「どんなときに罠にかけようとするのか」とか「どんなときにうまく対処できるのか」などの語りが構成され，「自己の内側に抱える問題を乗り越えられない自分」とは異なる問題と自分との関係性が生成してくる（White 2007）。

この実践には幾つもの意味がある。ひとつは，具体的に彼／彼女が抱えていた問題に対する解決方法が開発されるということである。しかし，それ以上に大きな点は，クライエントが生きる世界が変容することである。ドミナント・ストーリーに媒介されている間，クライエントは，自分の抱える問題に対処できないために誰か専門家の助けを必要とする自分という存在であった。しかし，会話的，言語的介入を通じて，問題に対して何らかの働きかけができる自分や周りの家族であることが発見されていくオルタナティブ・ストーリーが生成してくる。つまり，関係性への介入に媒介された語りを通じて，ドミナント・ストーリーでは語られ得なかった，新たな語りが生じ，これによってオルタナティブ・ストーリーが生成し，希望が構築されていくダ

図１　語りによる経験の構築

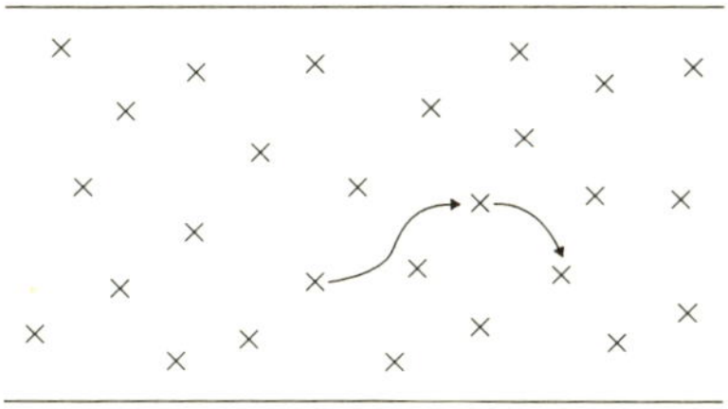

語り（曲線）の変化によって，経験が構築され，変容する

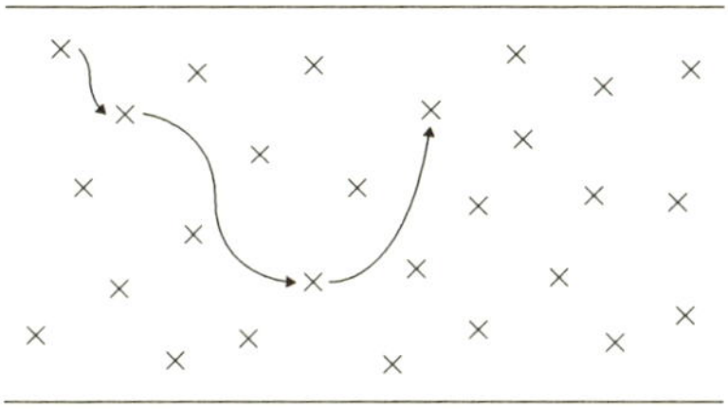

（出所）Denbrough（2014）より作成。

イナミックな姿を見ることができるのである。

図１は，上で論じてきた点について，Denbrough（2014）が図示したものにもとづいている。×で示されているのは出来事であり，線で示されているのは物語である。そして，こうした線を結んでいく行為が語りである。White and Epston（1990）が開いた物語への扉は，我々には語り得ない経験があり，その経験を掘り起こす語りを生み出す問いかけによって，我々は困難の中にも希望のある意味を構築することが可能であるということであった。以上の議論から見えてくることは，語る行為は，単に何か語る以前に存在する意味を表出して他者に伝達するだけでなく，むしろ，語ることを通じて，その只中で（Shotter 1993）経験を構成する行為である，ということであり，まさしく，Czarniawska（1997）の言う，生きる世界が生みだされるのが語りなのである。語ることを通じて，我々はある現実を生成しているのであり，語ることを離れて現実は存在し得ないのである。

経営学の領域では，例えばBate（2004）の組織変革におけるストーリーテリングの研究がある。これは，イギリスの病院組織が組織変革を行う際に，同病院のCEOのストーリーテリングによって，組織変革のプロセスが

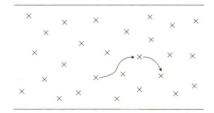

連鎖的に進んでいった過程を事例分析したものである。ストーリーテリングの内容は，組織変革をしようとは思ったものの，具体的に何をすべきかわからなかったCEOが，ある患者の家族が書いた文章を読み，自分たちの病院が抱えている問題が，患者に対して自分たちの都合ばかりを優先して極めて不親切な対応をしていることにあるのではないかと気がついた，という内容であった。

具体的なストーリーテリングの内容は下記のようなものであった。

今日ここに集まってくれたことを感謝の言葉で始めることはできる…自分が何のためにここにいて，何を我々が達成したいのかをはっきり言うことが出来たならば。だが，そうではないんだ。（中略）今日に至るまで，不安な気持ちは高まるばかりだった。昨晩もよく眠れなかったし，今朝に至っても皆に何を言うべきかに悩んでいる。あまりよく眠れないのでここに来る前に病院に車で行ってきた。確信が持てない自分は，病院の礼拝堂に足を運んでいた。

そこにある手書きの本を読んだことがある者がいるだろうか。そこには我々の患者の関係者の言葉が綴られている。多くは最近友人や愛する人を失った人々だ。そのうちのひとつをここで読みたいと思う。書いたのはリチャード・スミス氏で，彼の父親は大腸がんで病院にかかっていた。

「NHS[1)]は，世界で最高の治療を提供してくれると，私と私の家族はずっと信じて来ました。しかし今，そうではなかったということを，私達は思い知りました。私の父，デビッドは，昨晩遅く，この病院で亡くなりました。彼は長い間，癌と闘っていました。彼は3日前に，症状緩和のための手術を受ける目的で入院しました。彼は手術前の処置のために，24時間何も食べることが出来ませんでした。手術は，最初の日に延期され，そして次の日にも延期されました。癌の患者を手術が行われるかもしれないという希望のもとに，何日も続けて飢えさせておくなんてことが出来るのでしょうか。これが，地上での人生最後の3日間を過ごす一人の人間をあつかうやり方でしょうか？あなた方が，私の父への管理や治療は標準的なも

のだと考えていることに，私は衝撃を受け，驚愕しました。」(Bate 2004, pp. 328-329)

自分たちの働く組織に対して，上手く語ることが出来ないがモヤモヤとした不満や憤りを抱きながら集っていた変革チームのメンバーたちは，この語りに「そうなんだ，それなんだ」という感触を得る。そして，この語りに媒介され，自分たちの今までの経験を語り始める。例えば，過去に患者をたらい回しにした経験などである。先の出来事と経験の関係で述べるならば，出来事として過去にそうしたことは，存在はしていたものの，それが経験として意味あるものになるためには，語りが必要だったのである。そして，語りに媒介されて語りが連鎖していく中で，物語が変容し，具体的な方策を生み出しながら組織変革が進展していく過程が同論文では描かれている。

ストーリーテリングという語りによって，それまでの出来事で語り得なかったものとの間に結びつきが編成され，自分たちが何者であり，何をすることが求められているのか，ということが見出されていったことは興味深い。最初のストーリーテリングは，新しい組織へと変わっていく連鎖の重要な媒介となっているのである。同時に，新たに語るということにおいて，現在の組織なり集団なりにおける支配的な語り，White and Epston (1990) の言葉で言うならば「ドミナント・ストーリー」と，自らの感覚との間に得も言われぬ違和感というものが生じることにより，語り得ぬ何かを抱かずにはいられない側面を看過してはならない。語ることは，語り得ぬものを語ろうとする切なる実践なのであり，語り得ぬものを持たなければ，語る契機が生じないため，新たに語ることは不可能なのである。この連鎖的な過程によって，生きる世界が生成されていくダイナミックなプロセスが，語りという視点からは浮き上がってくる。

このような観点から考えるならば，客観的な時間の連続性の構造の中で生じる現象として歴史を捉えることとは別に，語りとして歴史を捉えるという，もうひとつの歴史の認識論もまた可能であろう。Lévi-Strauss (1962) は，前者を科学的思考，後者を神話的思考だとする。そして，神話的思考は，決して科学的思考に劣ったものではなく，どちらも世界を理解しようとする営為であり，用いられる方法の違いとして位置づけることができることを述べる。この立場からは，我々は学説史を語るが，それはその行為を通じて，テクストに新たな意味を発見するためであるとも言えるだろう。同時に，それは既存のドミナントな語りでは語り得ぬ違和感を見出すことに媒介されているとも言える。前者の歴史に立てば，研究の体系を論理的に作り上げることが学説史研究の意義と成るであろう。一方，この，もうひとつの歴史の立場からは，歴史とは何らかの物語に媒介された語りであり，出来事の結びつきを新たにすることを通じて，新たな現実を生成することが学説史的研究のひとつの目的となるだろう。しかし，仮に後者の在り方があり得るとするならば，それはいかにして可能なのであろうか。語り直すダイナミズムを軸にするならば，いかにして，我々は現在の物語では語り得ないものへの違和感を持つことが可能であろうか。このことについては，実践の問題を考えることで見出されてくる。

Ⅲ．実践を考える意義――内側を見ると外側に出ていく

先の White and Epston（1990）の議論から見えてくることはもうひとつある。それは，語りとは問いかけ／前の発話に対する応答だという点である。この考えを敷衍するならば，組織現象を含む様々な現象は，会話のプロセスとして理解することが可能だ，という視点に繋がるだろう。この点について論じたのは，Latour（1987, 1993）である。彼は，1987 年の著作の中で，科学分野における研究（例えば，ディーゼル・エンジンが発明され，具体的に開発が進むまで）がどのように進展するのかについて，人類学的な考察を行っている。この中で，ラボにおける研究（内側）が進展するためには，その研究を実施する上での資金などの資源調達を様々なアクター（外側）に働きかけるレトリカルな活動が必要であることを指摘する。我々は一般に，科学的研究はラボの中で行われると考えるが，Latour（1987）が明らかにしたのは，内側を進めるためにはより外側に翻訳し続けることの重要性であった。そして，そこから出てきた研究の成果もまた，どのような外側のアクターと結びつくのかによって，有価値にも無価値にもなる。つまり，

内側と外側の境界線というのは，研究が進んでいく過程において，極めて曖昧になっていく。これは，科学的研究が対象としている自然と，研究をとりまく社会という二分法が成り立たず，相互に，特にそのアクターとしての性質に差異なく，絡まり合いながら構成されていることを示しているのである（Latour 1993）。

ここから，実践とは，異なるアクターとの結びつきが創り出されていく行為のプロセスであると理解することができる。外見的には科学者の内側にある能力の発露として科学的知識が構築されるように見えるものの，それをよく見てみると，関係性という外側へ出ていくことが見えてくるのである。つまり，関係性があって物事は初めて存在し得るのであり，関係性は様々なアクター間の会話のプロセスを通じてダイナミックに編成され続けるのである。このアクターに内在する能力や価値という考え方ではなく，関係性の中にアクターの能力や価値が生成するという認識に立ち，そうした生成する会話のプロセスを我々は実践と呼んでいるのである。すなわち，語ることは実践なのである。

しかし，そうであるならば，いかにして我々は語ることが出来るのだろうか。一段抽象化して考えてみると，研究実践は元のテクストである研究上の成果と，それとは別なモノや人というアクターというテクストとの結びつきが作り出されていく，テクストの関係性の構築が行われる過程とも言うことができるだろう。テクストについて，Barthes（1968）は，テクストは作者の意図という内側に閉じた存在ではなく，読者がそれぞれのコンテクストの中にそのテクストを位置づけることに開かれたものであること，すなわち，テクストの意味は関係性に開かれたものであることを指摘する。先の物語について論じた中で「出来事」と呼んだものは，ここではテクストと呼ぶことができるだろう。テクストが読むという行為を通じて新たなテクストと出会うことによって，新たな側面が生成してくる。経営学史研究がこのような観点に立つならば，過去のテクストと新たなテクストとの出会いを通じ，そのテクストの意味が語り直され，その意義が生成されるプロセスとして考えることも可能であろう。別な言い方をすれば，過去のテクストの意義は，新たなテクストとの出会いを経なければ，その意義は限定的なものにとどまるということでもある。必ずしもBarthesは強調しないが，新たなテクストとの出会いは，それがいかなるものなのかを意味づけようとする上で，語り直す違和感・契機を生みだすものでもある。そのためには何よりも新たなテクストとの出会いがなければならないが，ではどのように出会いは可能なのであろうか。この点について考えてみる必要がある。

Ⅳ．山火事活動としての研究

出会いという点について，人類学者のIngold（2007）は，線（lines）の観点から世界を捉え直した興味深い研究を示している。Ingold（2007）によると，線には大きく二種類ある。ひとつは直線であり，もうひとつは曲線であり，曲線は絡まり合う性質を持った線でもある。古代ローマがイギリスを占領した際に作った道は直線であり，フィリピンのイロンゴ族の移動しながら生活を続ける軌跡は曲線である。前者は，輸送（transportation）の線で，輸送はA地点からB地点に最も合理的に運ぶための最短距離で構成されている。

「輸送は目的志向的である。それは生活の道に沿って成長することではなく，ある位置から別の位置へ横断して人や物資をその基本的性質が変化することのないように運搬することである」（p. 77，翻訳書，127頁）。一方，曲線は徒歩旅行（wayfaring）で生きることを示している。「徒歩旅行は絶えず動いている状態にある。いわば，旅行者は動きそのものである」（p. 75，翻訳書，124頁）。「徒歩旅行は，人間であれ動物であれすべての生き物が地球に居住するための最も基本的な様式であろう。居住habituationという言葉で私は，そこに住むためにやってくる人間集団があらかじめ用意された世界のある場所を占める行為を示すつもりはない。居住者とはむしろ，世界の連続的生成プロセスそのものにもぐりこみ，生の踏み跡をしるすことによって世界を織り出し組織することに貢献する者である」（p. 81，翻訳書，133頁）。前者の直線＝輸送の世界は，Lévi-Strauss（1962）の言うところの科学的思考とも符合するものであり，論理に世界を適応させることを目指す思想の実践であろう。直線の輸送の線の両端の地点では，何も変化しないことが重要になるが，それは移動の最中に起きる出来事は，移動以前に設計されたものにとっては価値がないことを意味する。曲線の世界では様々なものに出会い，変化し続けることがその基本的な姿である。従って，Ingold（2007）は，こうした直線に支配された世界を批判的に捉え，徒歩旅行を通じて出会うことの重要性を主張するのである。曲線＝徒歩旅行の世界は，神話的思考，野生の思考の世界であり，様々な状況に出会い，その只中で新たな知を生成する実践が求められる世界である。徒歩旅行に出なければ，何かに出会うことはなく，また，何かに出会うことによって旅行の目的や意義がダイナミックに変遷し続けるのが，この特徴である。Ingold（2007）は批判的に直線を捉えているが，一方で，直線の世界は目的が定まった上では，もっとも効率的な形態であり必ずしも否定する必要はないかもしれない。この点を強調したのはEngeström（2009）である。

Engeström（2009）は，このIngold（2007）の概念を用いつつ，新たな組織現象理解の方向性を示した研究である。Engeströmは，近年のオープンソース・コミュニティやWikipediaに典型的に見られるような，ピアプロダクション（Benkler 2016；Tapscott and Williams 2006）などの組織現象が歴史的にどのような意義があるのかを明らかにし，新たな学習観を提示するべく「山火事活動」のコンセプトを提示している。山火事活動とは，ある場所で様々なアクターが参集し，一気に山火事のように燃え盛るが，次第に鎮火され，しかし，また別な場所で同じような活動が燃え盛るような現象を指している。Engeström（2009）が示したのは，スケートボーダーの活動，バードウォッチング活動，赤十字の災害支援活動の三つである。これらはインターネットが出来るよりも以前から存在した活動である。例えば，スケートボーダー達は，スケートボードが出来る良い場所を探しており，その場所に人が沢山集まってくると，参加の構造は安定するが，そのうちに不動産所有者らから嫌がられるなどして散り散りになっていくが，また新たな場所を見つけては活動が継続される。しかし，なぜ彼らがそれを続けるのかと言えば，それは舞台があるからである。そうしたストリートカルチャーを商業化する動き（ギヤ・メーカーやイベンター）はその舞台を提供してもいる。この商業主義は，スケートボーダーを後ろから支え，かつ，彼らを通じて商業的な利益を得てもいるが，一方でスケートボーダーは彼らに一方的に支配されることはない。この背後には，菌根（mycorrhizae）をメタファーとする，異質な者同士による特殊な共生的／搾取的関係が行為者間にあるとEngeström は指摘する。菌根は，木の根と菌糸のように，異なる性質の生物同志が，互いに利益を得ることで，互いを助けるという独特な関係で共生している状態である。それぞれが様々なチャネルを通じて極めて緩やかにつながっていることによって，散発的に，しかし，持続的に山火事活動が生じるというのだ。

ここから考えると，山火事活動とは，直線と曲線の出会いによって生じるものでもある。それぞれは，異なるコンテクストの中で生み出されてきたテクスト同士であり，両者には大きな違和感が横たわっている。しかし，そのテクスト間に菌根の共生的／搾取的関係が構築されれば，山火事活動を引き起こすことが出来るのである。これを経営学史研究に置き換えて考えるならば，およそ旧来の意味での学術的な枠組みの外側のプレーヤーとの菌根的共生関係を探っていくような徒歩旅行に出る必要があるだろう。それは言うなれば，既存の研究に対して違和感を求め，新たな語り直しを探る旅である。そうすることによって，経営学史研究の中で構築されてきたテクスト間の繋がりとは別に，テクストは新たなテクストとの出会いを通じて，再発見されることになる。事実，Engeström（2009）の研究は，世の中で起きている現象に対して，なんとかその意義を捕まえ，語ろうとする研究実践のようにも読める。再発見は語られることを通じて行われ，語ることがまた次のテクストとの出会いを媒介していく。この語りに媒介され，連鎖的に流転するプロセスに身を置くことによって，経営学史研究は，こんにちの爆発的な変化の中においても重要な役割を果たし続けることが可能になると考えられるのである。

Ⅴ．絡まり合う線を目指して：札幌なかまの杜クリニックへの調査研究から

こうした菌根的関係をどのように構築するかについて，筆者は近年ささや

かな実践として，ナラティヴ・アプローチの組織的な実践に関する調査研究を試みている。筆者はこれまで，札幌なかまの杜クリニックについて継続的に調査を行い，現在も継続してきた。同クリニックは，北海道浦河町にある精神障害ケアのコミュニティとして全国的に知られる「べてるの家」の思想と方法[2]を元に設立された精神科クリニックであり，その特徴的な点のひとつは，約 30 名のスタッフのうち半数は，精神障害当事者経験者であることであろう。なぜそうした実践が可能なのか，参与観察を含めた調査を継続的に行ってきた（宇田川 2016b；Udagawa and Majima 2016）。こうした特徴的な実践と関連する点はいくつもあるが，ひとつは，精神障害を抱える人を通常は「患者」と呼ぶのに対し，同クリニックやべてるの家では，「当事者」と呼ぶ点である。この背後には，ケアをする支援者（医師，看護師，臨床心理士，精神障害保健福祉士，ピアスタッフなど）は，たしかにそれぞれの専門領域においては専門家であるが，当事者は自分に起きている病いについては最も詳しい専門家である，という考え方である。したがって，当事者は一方的に支援者にケアをされる，依存的存在ではなく，自分の病いについて支援者や他の当事者とコミュニティを形成しながらともに研究をする，研究者という立場を持つことになる。その方法は当事者研究という独自の方法である。簡単に説明するならば，当事者の病いの経験（例えば，幻聴や妄想など）に名前をつけ（「幻聴さん」，「（自分の思考をジャックしてしまう）ジャックマン」など），それらとの対話を通じて，自分の問題に対して新しい解決策を探る，という方法である。これは White and Epston（1990）が開発した問題の外在化のアプローチと極めて類似しているが，それぞれ全く別な場所で全く違った過程で生まれた方法であるという点で興味深い。加えて，その中で出てきた解決策を実際に実践してみる SST（social skills training）も実施し，その結果うまくいったり，いかなかったり，また別な問題に直面したり，ということについても，当事者研究を繰り返しながら対処していく。ここから White and Epston（1990）では見えにくかった点が見えてくる。すなわち，これらの実践こそが語りとして，組織／コミュニティの関係性を生成しているという点である。つまり，自らの苦労を仲間に語ることに媒介され，他者もまた，自らの苦労を語れる関係が生成してくるというダイナミックなプロセスがそこにはあるのである。

同クリニックへの調査を通じて，当事者だけでなく支援者の側が，自分の抱える困難について，当事者を交えて当事者研究を実施していることなどが明らかになってきた。こうした実践は，支援者と当事者が互いに「苦労」という物語を生きる存在へと構築していく媒介である。ともに苦労を生きる存在となったこの物語の中では，旧来の意味での当事者と支援者の区分はあまり有用ではなく，互いに自分たちの苦労を持ち寄る関係であることが見えてくる。つまり，当事者研究の実践は，単に当事者の問題を解決するためのものだけではなく，組織内の関係性を生成する語りの実践でもあるのだ。

一方，研究の実践者としての筆者にとって重要だったのは，理論的な理解を持って実際の実践のフィールドに入っていくことの意義である。そうした研究実践は，ある意味で理論的な理解がいかに浅はかであるかを発見するような，違和感を得て新たな理解を生みだすための徒歩旅行的な活動であるという点である。ときに筆者のような理論研究者は，現場の実践を研究の言葉で解釈をしてしまい，ある意味で直線的世界の研究に陥りがちである。Engeström（2009）が述べているように，直線にも重要な意義があり，それを否定する必要はまったくない点はここで強調しておきたい。だが，それはある世界を完成させる上では有用だが，越境的に学び，新たな体系の生成を試みることはまた直線的，体系的研究とは異なる実践が必要となる。フィールドに出ることを通じて，違和感を得て，そこから新たに語り直すという実践は，学術体系の構築を目指す直線的な研究実践とは別の理解をさらに押し広げる契機を提供するものになるはずである。

確かに研究実践から考えた場合には，あえて組織の実践から切り離した立場での議論の整理は重要であり，そこには研究を体系づける重要な役割がある。経営学史研究のひとつの重要な役割はこの点であったと言って良いだろう。一方，もうひとつの経営学史研究を考えた時，それが実践の中でどのように語られ，どのような実践を生み出しているのか，という点を見た時には，理論というテクストの新たな側面に気付かされる。テクストは様々に組み合わされ，語り直されることを待っているのであり，それを行なうのは実践家だけの役割ではなく，研究者もまた可能なのである。

Ⅵ．結論

本論では，語りの観点から，もうひとつの歴史に基づいた経営学史研究の可能性について考察を行ってきた。この中で，歴史は語りとしての側面があり，語ることは，歴史を構築する行為でもあることが示された。研究実践も語りでもあり，同時に，実務家の実践もまた語りである。そのように考えるならば，研究者と実務家とは隔たりのない語りという実践の中にある。研究実践が，もしも実務家の実践という線と絡まり合うならば，研究上のテクストは，さらなる意味を見いだされることになるであろう。さらにそこに菌根的関係を構築することができるならば，研究者と実務家の双方が関与しながら新たな経営実践を展開していくことが可能になるであろう。Engeström（2009）は，山火事活動的な学習において，彼の理論を一貫して貫いているVygotskyの発達の最近接領域（zone of proximal development）への言及を忘れていない。我々の学びとは，異質で未知なるものとの出会いの中で生じる矛盾や葛藤を通じて生じる。ただしそれは，最近接領域，つまり，我々がそれを課題であると認識可能でなければ，そもそも矛盾や葛藤として乗り越える対象になることはない。つまり，単に異なる線が交差するだけでは学びにならず，それらを結びつけるためには，対象を理解するための言語や知性を持たなければならず，それは継続的にそのことに葛藤や矛盾を抱え続けることによってのみ可能であろう。無論，そのためには研究者同士がより緩やかな繋がりを有することも必要である。ただしそれは，様々な外側への広がりを持つ関係性であり，必ずしも旧来の徒弟制（Lave and Wenger 1991）のような中心に向かうものだけである必要はない（Engeström 2009）。物語る経営学史研究の実践のためには，我々は異なる線が何かを常に見出し続け，かつ，その線と交差することを恐れてはならず，さらには，その恐れをも語れる緩やかな関係性の構築が求められるのではないだろうか。

注

1）　National Health Serviceの略で，イギリスの国民保険サービスを指す。この引用箇所では，同制度に基づいた病院のサービスを意味している。

2）べてるの家の思想と方法については，向谷地（2009）を参照のこと。また，組織論における意義については，宇田川（2016a）も参考にされたい。

参考文献

Barthes, R. (1968), "La mort de l'auteur," *Maneia*, V.（花輪光訳「作者の死」『物語の構造分析』みすず書房，1979年。）

Bate, P. (2004), "The role of stories and storytelling in organizational change efforts: A field study of an emerging "community of practice" within the UK National Health Service," in Hurwitz, B., Greenhalgh, T. and Skultans V. (eds.), *Narrative research in health and illness*, Blackwell, pp. 325-348.

Benkler, Y. (2016), "Peer production, the commons, and the future of the firm," *Strategic Organization*, June, pp. 1-11.

Czarniawska, B. (1997), *Narrating the organization*, Chicago University Press.

Denborough, D. (2014), *Retelling the stories of our lives: Everyday narrative therapy to draw inspiration and transform experience*, W. W. Norton.（小森康永・奥野光訳『ふだん使いのナラティヴ・セラピー――人生のストーリーを語り直し，希望を呼び戻す――』北大路書房，2016年。）

Engeström, Y. (2009), "Wildfire activity: New patterns of mobility and learning," *International Journal of Mobile and Blended Learning*, 1 (2), pp. 1-18.

Ingold, T. (2007), *Lines: A brief history*, Routledge.（工藤晋訳『ラインズ――線の文化史――』左右社，2014年。）

Latour, B. (1987), *Science in action: How to follow scientists and engineers through society*, Harvard University Press.（川崎勝・高田紀代志訳『科学がつくられているとき：人類学的考察』産業図書，1999年。）

Latour, B. (1993), *We have never been modern*, Harvard University Press.（川村久美子訳『虚構の近代』新評社，2008年。）

Lave, J. and Wenger, E. (1991), *Situated learning: Legitimate peripheral participation*, Cambridge University Press.（佐伯胖訳『状況に埋め込まれた学習――正統的周辺参加――』産業図書，1993年。）

Lévi-Strauss, C. (1962), *La pensée sauvage*, Plon.（大橋保夫訳『野生の思考』みすず書房，1976年。）

Shotter, J. (1993), *Conversational realities: Constructing life thorough language*, Sage.

Tapscott, D. and Williams, A. D. (2006), *Wikinomics: How mass collaboration changes everything*, Atlantic Books.（井口耕二訳『ウィキノミクス――マスコラボレーションによる開発・生産の世紀へ――』日経BP社，2007年。）

Udagawa, M. and Majima, T. (2016), *Narrative as a media of caring organization: A case of social inclusion in organization through dialogical practice*, Paper presented at 34th Standing Conference on Organizational Symbolism.

White, M. (2007), *Maps of narrative practice*, Norton.（小森康永訳『ナラティヴ実践地図』金剛出版，2009年。）

White, M. and Epston, D. (1990), *Narrative means to therapeutic ends*, W. W. Norton.（小森康永訳『物語としての家族』金剛出版，1990年。）

宇田川元一（2016a），「言語システムとしての組織――ナラティヴ・アプローチの組織論研究に向けて――」『経営哲学』第13巻第1号，18-30頁。

宇田川元一（2016b），「「変わっていく組織」の研究序説」『西南学院大学商学論集』第62巻，第3・4号合併号，373-387頁。
向谷地生良（2009），『技法以前――べてるの家のつくりかた――』医学書院。

第Ⅲ部

論　　攷

6　会社法における株式会社観の日独比較
――私的所有物か公共物か――

山　口　尚　美

Ⅰ．問題の所在

本稿は，日本の企業統治改革の背後にある株式会社観がいかなるものかを，ドイツとの比較から明らかにすることを目的とする。

近年，グローバル資本市場に対応するための企業統治改革が世界各国で進展している。中でもソフト・ロー（法的拘束力のない原則）としてコーポレートガバナンス・コードを制定し，“comply or explain（遵守または説明）”のルールに基づき，その原則を各企業に適用させようとするイギリス発祥の動きが拡がりを見せている。

日本では，安倍晋三内閣の成長戦略の一環である「稼ぐガバナンス」を実現するための「車の両輪」として，2014 年 2 月に機関投資家を対象とするスチュワードシップ・コードが，2015 年 6 月に上場企業を対象とするコーポレートガバナンス・コードが導入されている。前者は，投資リターンの拡大を図るための機関投資家の役割が示された指針であり，機関投資家の積極的な経営監視活動を推奨するものである。後者は，株主利益を高めるための企業の役割が示された指針であり，独立社外取締役の複数設置による経営監視システムの強化，株式持合いの解消，株主との積極的な対話等に関わる原則が中心となる。両コードはともに，明らかに株主視点の強化に力点が置かれており，1990 年代に始まる法改正を中心とする一連の企業統治改革と同様，株主偏重的な性格が覗えるものとなっている。

一方，ドイツではすでに 2002 年 2 月にコーポレートガバナンス・コード（Deutscher Corporate Governance Kodex：通称，DCGK）が成立しており，それ以降は毎年見直しが行われ，必要に応じて更新されている。その重要な特徴に，社会的市場経済の原則が企業活動の前提に置かれていることが挙げられる。同コードは所有権を無制限に認めるものではなく，労働法の領域である共同決定法と調和的なものとして成立しており，株主以外の利害関係者の利益をも包含する「企業の利益（Unternehmensinteresse）」に対する執行役会と監査役会の責任が明確に示されるものとなっている。

元来，日本とドイツの伝統的な会社観は類似しており，企業経営では株主のみならず労働者を始めとする多様な利害関係者の諸利害が考慮されてきたのであるが，それにも拘らず以上のような企業統治改革の方向性の違いはなぜ生ずるのだろうか。これについて本稿は，両国の会社法をめぐる議論の中で，株式会社の「公共性」がいかに理解されてきたかという点に着目する。

Ⅱ．社員権論と社員権否認論

株式会社の公共性の捉え方は，日本では社員権論と社員権否認論とを対立軸とする株式の本質に関する論争に顕著である。まずはこの議論から見ていこう。

日本では伝統的に，株式の本質は社員たる株主の権利，すなわち社員権であると理解されてきた（服部 1964，11頁）。社員権とは，株主が社員としての資格において法人である株式会社に対して有する権利のことであり，自益権と共益権とに分けられる。自益権とは配当請求権のように株主一個人の利益のために与えられる権利のことであり，共益権とは議決権のように会社の経営に参与する目的で株主に与えられる権利のことをいう。株式を社員権であると捉えるこのような立場を「社員権論」という。

それに対し，株式が社員権であることを否定する「社員権否認論」の立場が従来から有力な批判を行ってきた。もっとも社員権否認論は統一的な学説ではなく，代表的論者には田中耕太郎とその主張を発展させた松田二郎の2者が挙げられる。いずれの見解も，共益権の非利己的性格に着目し，社員権を否認している点で共通している。すなわち，利己的性格が認められる自益権とは異なり，共益権は株主の個人的利益を図る目的で行使できるものではないのであり，自益権と共益権を一括りにする「社員権」という概念は成立しないという主張である。

この社員権否認論に対し，社員権論の立場からは大隅健一郎が厳しい反論を行ってきた（大隅 1987）。大隅は株式会社の本質を営利法人，すなわち利益を獲得しそれを社員に分配するものと捉えることから，社員権否認論が主張する共益権の非利己的性格を否定する。

大隅によれば，事業は法的・形式的には法人である株式会社の所有に帰属するものであるが，経済的・実質的には株主の所有に帰属するものである。この株主に対する経済的・実質的な分け前が，法的には株主権となり，それが株式の形態をとる。株主権とは，財産権のもっとも基本的な権利である「所有権」の変形物であるという。この考えからすれば，自益権は所有権における収益権能の変形物であり，共益権は所有権における支配権能の変形物ということになるのであり，共益権は自益権の価値の実現を保障するための株主の権利ということになる。

こうして大隅は，自益権と共益権をともに株主自身のために行使される権利であるとし，共益権をもっぱら団体の利益のために行使しなければならないとする社員権否認論の主張を，営利性原理に抵触するものとして批判した。

Ⅲ．株式会社の「公共性」に関する大隅の見方

株主権の私益性を最大限に認める大隅の考えは，株式会社行動の制約原理としての「公共性」をどのように捉えているかという点に表れている。大隅によれば，株式会社の公共性は「所有と支配の分離」と「株式会社の巨大化」の二つの構造変革から導かれる（大隅 1987，374 頁）。前者は広く一般大衆が会社の出資者となっていることを表し，後者は多くの国民が従業員や消費者等の利害関係者として会社に依存していることを表す。このことから株式会社の公共性には，「株主共同の利益」と「株主以外の利害関係者の利益を含む社会的利益」の双方が含まれると考える。前者の利益は，株主間および株主と経営者との利害対立を調整する原理となり，後者の利益は，会社

行動を制約する原理となるものである。

大隅の考えでは，「株主共同の利益」こそが個々の株主の株主権（共益権）を制約する原理となるものである。共益権は基本的には私益性が認められ，株主個人の利益のために行使されるものであるが，「株主共同の利益」である「会社の利益」を侵害することは許されないという唯一の制約があり，それゆえ例外的に社員的利益（株主の株主としての利益）のために行使されなければならない場合があるという（大隅 1987，427 頁以下）。

一方で，大隅は会社行動そのものを制約する原理である「株主以外の利害関係者の利益を含む社会的利益」を特定しているものの，それによる共益権の制約が認められるとしているわけではない。株式会社をめぐる諸利害の調整は，あくまで会社内部（株主の利益の枠内）で行わなければならないのであり，社会的利益という超個人的利益の立場からなされるべきではないという（大隅 1987，300 頁）。大隅によれば，構造変革によって公共性を帯びるようになった株式会社であっても，その本質は依然として営利性にあることから，株主権の制約は営利性原理に根ざしたものでなければならない。株主権は株主以外のいかなる利害関係者によっても制約されず，株主権が制約される場合にはあくまで「株主共同の利益」によって行われなければならない。

こうして大隅は，共益権の私益性が「会社の利益」という唯一の制約の枠内において，最大限に認められるものであることを主張した。

このような大隅の考えは，株式会社をめぐって生ずるあらゆる利害対立を，株主間の対立関係に集約するものであるといえよう。あらゆる利害対立につき，「会社の利益」を唯一の調整原理とすることから，「会社の利益」を社会的利益より上位に位置づけていることがわかる。すなわち，「会社の利益」を追求することが，ひいては社会的利益の実現に繋がるとする考えである。

Ⅳ．服部の主張：公共物としての株式会社

大隅とは反対に，服部栄三は公共性の高まりという株式会社の構造変革に

鑑み，社員権否認論を踏襲する形で，株式会社を「社会の公共物」とする考えを示している（服部 1964）。

服部はまず，株式会社の構造変革として「株式の分散化」と「会社の大規模化」を挙げている。この二つの現象を取り上げている点は大隅にも共通するが，服部の場合には両者を密接に関連するものと捉えている。すなわち，株式の分散化によって「多数の株主のものとしての公共性」が高まり，大衆株主から資本を吸収することで会社の大規模化に拍車が掛かるのであり，それによって「従業員および消費者の利益と不可分なものとしての公共性」というより高次の公共性へと進展する。このような構造変革と公共性の高まりによって，株式会社の実態は株主の「私有物」から社会の「公共物」へと変容を遂げたという。

服部は，株式会社を株主に加え従業員，債権者，消費者を所有者とする第三法人として再構築することを提案している（服部 1964，54 頁以下）。そうなれば株主権は共同決定権の一つに過ぎないものとなり，従業員，債権者，消費者による制約を受けることになる。取締役は株主のみならず従業員，債権者，消費者の受託者に位置づけられることから，これらの諸利害関係者の利害調整を通じて，公共の利益の実現に責任を負うようになる。

こうして服部は大隅の主張に異を唱え，自身の株式会社論において社会的利益による株主権の制約を提唱した。だが，結局のところそれは規範論に止まるものとして終わっている。日本の現行法は，依然として会社を社会的公共物とは考えていないのであり，前述のとおり企業統治改革は株主偏重的な性格のものとなっている。社会的利益による所有権の制約が法制化されているドイツとの違いはいかなる点にあるのだろうか。

大隅や服部の株式会社論は，ワイマール時代にドイツで展開された企業自体論（Theorie des “Unternehmens an sich”）を踏襲する形で展開されたものである。「企業自体」の概念は，フリッツ・ハウスマンが AEG 社 2 代目経営者であるヴァルター・ラテナウの考えに名づけたものであり，株主の私的利益を典型とする各種利害関係者の個別的利益から独立し，一つの社会的存在である「それ自体完結した組織」としての「企業」を想定するときに援用されてきたイデオロギーである。

日本では，ラテナウの所説を整理し法的議論にまで昇華させたオスカー・ネッターの所説が，ドイツの企業自体論の典型と捉えられ，それを踏襲する形で株式会社論が展開されてきた（新津 2009a，151 頁）。以下ではネッターが説く企業自体論を取り上げ，ドイツでは株主権を制約する「公共性」の内容がいかなるものと考えられてきたか，またそれがいかにして制度化の途をたどったかを明らかにする。

Ⅴ．ドイツにおける株式会社の「公共性」理解

ネッターの所説では，株式会社の構造変革によって「法生活の現実における株式会社」が「法律上の株式会社」から乖離してきたことが明確にされ，新しい株式会社の実体が明らかにされている（Netter 1932, S. 530ff）。

ネッターは株式会社が資本会社であり，資本主義経済に資するための一形態であることから，株式会社の構造変革を把握するためには，その背後にある資本主義自体の構造変革を把握する必要があると考える。ネッターは資本主義の構造変革を，ケインズの指摘と同様，自由放任主義からの脱却であると捉え，所有権の絶対性がもはや失われていることを指摘している。ドイツでは，ワイマール共和国憲法 153 条 3 項の規定（「所有権は義務を伴う。その行使は，同時に公共の福祉に役立たなければならない。」）のとおり，所有権の行使は全体利益の観点から制約を受けるものとなっている。そして，「所有権の制約」という資本主義の構造変革に対応し，株式会社では「株主権の制約」という構造変革が生じているとする。

株主権の制約原理には以下の二つのものが挙げられる（Netter 1932, S. 534ff）。第 1 は，会社の目的を通じた国民経済的利益による株主権の制約である。ネッターによれば，資本主義的企業である株式会社において，株主の私的利益はもはや経済活動の唯一絶対の決定要因とは認められないのであり，会社の目的は国民経済的利益を中心とする一般的利益の観点から広範に定められなければならない。「共同体的目的」を持つようになった個々の株式会社に対し，出資をするか否かの決定は依然として資本家の自由であるが，ひとたび出資をし株主となれば，株式という持分財産の行使の仕方は，

会社の「共同体的目的」を通じて国民経済的利益による制約を受けることになる。このように株式会社の目的が国民経済的利益に拘束され，それゆえ株主権が制約される事態を，ネッターは「営業の独立」ないし「営業の客観化」と表現し，この独立した営業を「企業」（Unternehmen）としている。

第二は，株主全体の利益による株主権の制約である。ネッターはオットー・フォン・ギールケの「ゲノッセンシャフト論」を踏襲することで，株式会社の本質的性格を，ローマ法上の組合（ソキエタース）でも社団（ウーニヴェルシタース）でもなく，構成員の固有権とそれを統合する法人の権利の双方を有する「ゲノッセンシャフト」であるとする前提に立つ。そして，法的には社団である株式会社であっても組合と同様，株主の個人的利益の追求が株主全体の利益によって制約されることを主張する。ネッターによれば，法人という法的擬制を用いることでは，株式会社を独立した権利・義務の主体とすることはできても，株主の結合関係については結論が得られない。株主の結合関係，すなわち株主全体との関連で個々の株主に課せられる拘束は，株式法によって初めて認められるものではなく，構成員が相互に負う組合法上の義務（誠実義務）なのである。

以上のようにネッターは，構造変革後の株式会社が，株主個人の私益性のために存在するものではなく，全体経済の一部として公共性を無視できない存在になったことを明らかにしている。「営業の独立」によって「企業の利益」が認められるようになったことを受け，株主の利益は「企業の利益」に資するものとなり，同時に株主個人の利益は株主全体の利益に資するものとなった。このようなネッターの考えは，会社行動を制約する原理としての「企業の利益」（社会的利益）を，会社内部の利害対立を調整する原理としての「会社の利益」（株主全体の利益）の上位概念に位置づけるものである。

Ⅵ．ドイツにおける株主権の制約原理の制度化

ネッターが明確にした企業自体の理論における株主権の制約原理は，第二次世界大戦後の労資共同決定法に見られるように，ドイツの場合には実際に法律への制度化を伴うものとして展開されている。

株主権を制約する国民経済的利益ないし一般的利益としてネッターが念頭に置くのは，労働者の利益であった。当時の経済状況のもとでは，雇用の安定を始めとする労働者の利益を確保することなくしては，企業の存続・発展が危うくなるばかりか国家経済が成り立たなくなるという認識があり，労働者の利益保護は喫緊の国家的課題であった。経済民主化を求める大規模な労働運動が展開され，労働者の利益を無視すれば資本主義経済体制そのものが否定されかねないことが懸念された。それゆえ，労働者の利益こそが国民の生活に直結し，社会・経済の安定を図るために必要不可欠な利益であると認識され，これを保護することが法律上も無視できない段階に達していた。

会社の公共性を確保するための法規制は，ワイマール時代以降のドイツにおいて二つの形で表れた。第一は，執行役に公共の利益を優先することを義務づける株式法の規定である。1937 年株式法 70 条 1 項によれば，「執行役は自己の責任において，事業および従業員の福祉，国民および国家の共通の利益の要求に基づき，会社を指揮しなければならない」。これと同様の規定は 1965 年株式法でも，執行役の忠実義務（88 条）や経営判断の原則（93 条 1 項）に表れている。執行役の忠実義務には，執行役がその職務活動において常に「企業の利益」を優先させなければならないことが定められている。また，経営判断の原則には，執行役が「企業家的決定において，適切な情報を基礎として会社の福利（Wohl der Gesellschaft）のために行為したと合理的に認められる場合，義務違反はない」ことが規定されている。「会社の福利」と「企業の利益」は同義語であり，そこには株主利益のみならず労働者利益を始めとする公共の利益が含まれる。

第二は，第二次世界大戦後に成立した監査役会レベルの労資共同決定法である。周知のとおり，株主と労働者が同権的な立場で経営参加し，相互に制約しながら協働関係を形成するしくみである。アデナウアー政権の経済相エアハルトによって政策化された社会的市場経済の路線と，戦後になって急速によみがえった労働運動の強い圧力とが相俟って，労働者による経営参加の要求は共同決定法として具体化されていった。

なお，1970 年代以降，企業体制論の様々な研究者によって，共同決定をさらに発展させた利害多元的な企業統治モデルが提案されている。エアランゲン学派のホルスト・シュタインマンらは，監査役会を企業協議会（Unternehmensrat）へと変革し，その構成員を株主と労働者のみならず，消費者代表と「公共の利益」代表にまで拡大させることを提案している。このとき「公共の利益」とは，単一の利害関係者の個別的利益を意味するものではなく，すべての利害関係者の諸利害の調整によって目指されるべき利益を意味する（Steinmann/Germ 1978, S. 53-60）。

また，法制化には至らなかったものの，1970年代には，共同決定法の成立・拡大に対応し，資本所有者の権利しか考慮されていない現行会社法を，より包括的な「企業法」へと発展させようとする大きな議論があった。それは端的にいえば，公共性が高まる大企業の実態に即し，「企業法」という新たな法律の枠内で社会的利益を制度化しようとする試みである。

実際には理論的に解決困難な問題が多く，同法制定をめぐる議論そのものは立ち消えている。しかし重要なことは，そこで法益の基準とされた「企業の利益」が，会社法上の執行役の責任に関する解釈論として今なお影響を与えているという点である。「企業の利益」は1970年代から判例法上認められており，執行役の職務上の責任としてこの概念を採用することに関しては学説上ほとんど異論がないといわれている。

Ⅶ．日本における株式会社の「公共性」理解とその問題

以上のように，ドイツで株主権の制約原理が労資共同決定法等の明示的な制度として確立されることになった背景には，株主の私益性と労働者の利益に体現される公共性とが深刻な対立を引き起こしてきたという現実的な問題があり，経済民主化を求める大規模な労働運動が展開されてきたという歴史的経緯が存在していた。

それに対し，日本はドイツのような深刻な労資対立の歴史を経験していない。江戸時代の商家に見られる総有制の伝統から戦後の株式持合いの慣行に至るまで，資本の支配力が公共性との関連で問題となるような状況は起こらなかったのであり，株主権を制約する必要性が社会的に認識されることはなかった。株主の支配力の不在のもと経営者の自主性は守られてきたのであ

り，その中で経営者がめざしてきたのは労使一体関係の構築であった。

このような状況のもとでは，服部が主張したような株主権を制約する社会的利益の内容は不明瞭にならざるを得ない。日本では，特別な法的措置によって労働者の利益を保護する必要性は認識されてこなかったのであり，大隅に代表される社員権論を基軸に，株主権の私益性を確保することこそが株式会社の公共性に繋がるものと考えられてきたのである。

さらに，日本における株式会社の公共性の考えは，このようにドイツの企業自体論を踏襲することで導かれた公共性に，アメリカで理解されてきた公共性を加味する形で展開されてきたものとなっている。

アメリカでは歴史的に金融機関の発達が政治的に抑制されてきたため，株式を中心とする証券投資が国民の財産形成を担うものとなっていた（Roe 1996，翻訳書，46 頁以下）。そのため，株式会社の大規模化という構造変革は，国民の財産形成においてますます株式会社の重要性を高めるものだったのであり，市民たる株主（大衆株主）を保護することこそが公共性を担保するものと考えられてきた。このことから，アメリカにおける公共性保護の観点は，株主権を制約するものと理解されるものではなく，むしろ株主権の強化に結び付くものであった。

社員権論とこのようなアメリカの公共性の考えとが相俟って，日本の会社法では，株主利益を離れた社会的利益による株主権の制約は想定されず，株主権の私益性が尊重されてきた。以上の経緯により日本では，株式会社が「社会の公器」と考えられてきた実態とは裏腹に，法規範からすれば株式会社は株主の私的所有物となっているのである。今日の株主主権型の企業統治改革の前提には，このような会社法上の株式会社観が存在している。

だが，株式会社を株主の私的所有物とみなし，それゆえに社会的利益による一切の制約を認めないとすることは，換言すれば，株主利益の範疇を超えた公共性がいかなる主体によっても担保され得ないことを意味する。株式会社が株主の私的所有物であるならば，本来公共性に対する最終的な責任主体となるべきは株主のはずであるが，全社員有限責任制の株式会社にあって，株主に社会的責任を問うことは不可能である。

現実には，業務執行を担当する専門経営者が利害関係者間の諸利害の調整機能を果たしているのであるが，法的には善管注意義務と忠実義務を遵守すれば，経営者にそれ以上の責任が問われることはない。

この株式会社制度そのものに見られる問題は，これまで株主利益と公共性との衝突が想定されてこなかった日本にあっては看過されてきたものではなかろうか。

今日，短期的・投機的性格に特徴づけられる海外機関投資家が，日本企業株式の保有比率を高めるとともに，企業経営に対し活発に「発言（Voice）」する状況がある。株式会社そのものに内在する問題と向き合い，企業統治改革の方向を改めて検討することが今後の課題となる。

参考文献

Netter, O. (1932), "Zur aktienrechtlichen Theorie des, Unternehmens an sich'," in *Festschrift für Albert Pinner*, Bd. 75., De Gruyter, Berlin, Leipzig, S. 507-612.

Roe, M. J. (1996), *Strong Managers, Weak Owners: The political Roots of American Corporate Governance*, Princeton University Press.（北條裕雄・松尾順介監訳『アメリカの企業統治：なぜ経営者は強くなったか』東洋経済新報社，1996 年。）

Steinmann, H./Germ, E. (1978), *Reform der Unternehmensverfassung: methodische unt ökonomische Grundüberlegungen*, Köln, Berlin, Bonn, München.

大隅健一郎（1987），『株式会社法変遷論 新版』有斐閣。

大隈健一郎・八木弘・大森忠夫（1956），『独逸商法Ⅲ　株式法』有斐閣。

大隅健一郎・今井宏・小林量（2010），『新会社法概説』有斐閣。

高橋英治（2007），『ドイツと日本における株式会社法の改革』商事法務。

高橋英治（2014），「ドイツにおける経営判断原則」JPX 金融商品取引法研究会報告書。

田中耕太郎（1935），「機関ノ観念」『商法研究　第二巻』岩波書店，399-452 頁。

田中耕太郎（1939），『改正会社法概論』岩波書店。

新津和典（2009a），「『企業自体』の理論と普遍的理念としての株主権の『私益性』1：ドイツとアメリカにおける株式会社の構造変革」『法と政治』第 59 巻第 4 号，関西学院大学，109-246 頁。

新津和典（2009b），「『企業自体』の理論と普遍的理念としての株主権の『私益性』2：ドイツとアメリカにおける株式会社の構造変革」『法と政治』第 60 巻第 3 号，関西学院大学，1-50 頁。

服部栄三（1964），『株式の本質と会社の能力』有斐閣。

正井章筰（1989），『西ドイツ企業法の基本問題』成文堂。

松田二郎（1942），『株式会社の基礎理論』岩波書店。

松田二郎（1962），『株式会社法の理論』岩波書店。

7　日本企業の集団的意思決定プロセスの研究

——組織論の分析視角と稟議制度——

浅　井　希和子

I．はじめに

日本企業の意思決定の特徴は，集団主義的[1]であると言われ，日本的経営論においても多くの研究者により取り上げられてきた。このような意思決定は「ボトムアップ型」,「コンセンサス型」といわれ，日本企業がおおむね好況であった1970年代から1980年代には組織構成員の高いコミットメントを引き出し，労使一体となって事業の成功に邁進する日本企業の強みの一つとされていた。

その従業員参画的な手法は，人間関係論から発展した，参加的意思決定（Participative Decision Making）の成功例と捉えられ，海外の研究者や実務家たちの関心を集めたが（Wagner and Gooding 1987a），日本企業の業績が長期的な停滞期に入ると，意思決定に時間がかかる，責任の所在が曖昧である，といった負の側面が強調され，近年の環境変化のスピードやグローバル化した経営に十分適応できていないという批判にさらされている。しかし，このような日本企業の意思決定についての問題意識に対して，日本企業の集団主義的な意思決定プロセスとは何かという議論は，必ずしも厳密になされてこなかった（長瀬 2001）。

日本企業の集団主義的な意思決定プロセスは，過去の一時期の環境に適合していただけであり，その有効性はすでに失われているのだろうか。この問いに答えるためには，まず，日本企業の意思決定がどのような構造を持ち，どのような原理で働き，どのような機能を持つのかについて理解する必要があるだろう。

以上の問題意識から，本稿の目的は以下の二点を示すことにある。第一点目は，これまで日本的経営論の中で「集団主義的」とされてきた日本企業の意思決定プロセスを，組織論と，その中でも集団参画による意思決定を論じている「参加的意思決定」の分析視角から再度捉え直すことにより，その異同を明らかにする。第二点目は，その比較からこれまでの先行研究で言及されてこなかった，日本企業の集団的意思決定プロセスの従業員の育成面での機能について示すことである。

これらを示すことにより，これまで明示的ではなかった意思決定プロセスの構造と機能を明らかにすることができるとともに，実務的なインプリケーションとして，今後の日本企業の意思決定プロセスの改善に何らかの示唆を与えることができると考えている。

Ⅱ．日本企業の集団的意思決定の特徴

1．日本的経営論における日本企業の集団的意思決定

日本企業の意思決定の特徴は，集団合議と，合意形成による全会一致，また集団責任体制にあると言われる（Abegglen 1958；間 1971；Misumi 1984；渡辺 2015)。その意思決定方式の代表的なものとして取り上げられるのが「稟議制度」である（小野 1960；間 1971；Misumi 1984；渡辺 2015)。本稿ではこの「稟議制度」に着目して，日本企業の集団的な意思決定プロセスの考察を進めるが，「稟議制度」を日本企業の集団的意思決定のモデルとして扱う理由は，二点ある。一点目は「稟議制度」は戦前からみられる古い制度[2]であるが（小野 1960；間 1971)，経済的，社会的環境の変化にも関わらず，今日でも大企業を中心として広く日本企業に普及している意思決定制度であり（渡辺 2015)，本質的な日本企業の意思決定のあり方がその中に内在していると考えられるからであり，二点目は，「稟議制度」は組織の下層メンバーから上層部に至るまで幅広い階層が関わる，組織全体の意思決定としての性格を有するからである。

こうした意思決定プロセスは，優れた部署間のインターフェース，決定の後の実行の速さ，現場や顧客への迅速な対応という長所を持つ一方で，決定

までに時間がかかる，責任の所在の曖昧さ，調整困難な事案の先送りといった短所が指摘されてきた（間 1971；Misumi 1984；Kono and Clegg 2001；渡辺 2015)。

2.「稟議制度」による意思決定の構造

日本企業の集団的意思決定と近代組織論における意思決定システムの構造的な相違は，意思決定の分業システムにあることを以下に示す。

「稟議制度」は，「業務の執行について経営上重要な事項が，組織体の下部（下層から中間の管理層）によって立案され，関係者を経て上部機関によって決裁される制度」であり，「文書（稟議書，起案書）の回覧によって各関係者の承認，決裁が行われる制度」（小野 1983，5 頁）であるが，多くの場合，承認に先立って「根回し」と呼ばれる非公式の折衝や修正が行われ，最終的に合意形成された案が最終決定権者に提出される（Misumi 1984)。

近代組織論においては，複雑な組織の意思決定における人間の「限定合理性」[3] を踏まえて，意思決定すべき問題の領域を細分化し，それぞれの領域の専門家に限られた範囲の意思決定問題を割り当てることによって意思決定の合理性を高めることが，組織における意思決定の階層的な分業とされている（Simon 1997)。一方，稟議制度においては，意思決定すべき問題を階層や職務権限によって細分化せず，意思決定の四つの段階，① 課題の設定，② 選択肢の探索，③ 選択肢の選択，④ 選択結果の再検討（Simon 1977）のうち①と②を下位の階層が，③と④を上位の階層が緩やかに分業し，お互いの意見を出し合うことによって，より多くの情報や選択肢を創出や，意見の集約を経て，合理的な意思決定をしようとしていると解釈できる。

このような意思決定の各段階が組織の階層間で分業される構造はその職位に伴う権限と責任も緩やかに共有しており，職位の権限とその責任の範囲が明確に規定される組織とは前提が異なっているのだが，その相違はこれまで参加的意思決定の研究者の間で明確に意識されてこなかった。そのため，権限が組織の下層に移譲されている分権的な組織であるという評価（Misumi 1984）と，最終決定は組織の上層部によるものであるから中央集権的な組織であるという全く反対の評価（Marsh 1992）がなされ，“不可解な”状態

(Saige and Aycan 2003) として責任の所在の不明確さや日本の組織の特殊さを示すこととなった。

しかし，この意思決定のプロセスの分業構造によって，分権的組織，集権的組織という二項対立では生まれない組織のダイナミックな情報の交換が発生し，長期的な人材育成という機能が担われてきたのではないかと考える。

3．「稟議制度」の機能

日本企業において「稟議制度」が広く普及している理由は，日本企業のマネジメントの後進性にあるという説が Abegglen (1958) を始めとする初期の日本的経営論においては優勢であった。小野 (1983) によれば，稟議制度の機能は，① 直接個別の中央集権的な統制機能，② 間接的な権限規定としての機能，③ 関係者の参加制度としての機能という三つの機能を果たしてきた。

しかし，日本企業の経営の近代化に伴い，①の統制機能は中長期経営計画や予算制度，重役による経営会議などに置き換わり，②は専門スタッフ部門とライン部門の職能分化や事業部制の導入により消滅し，③の関係者の参加の機能だけが残されている。

次節で詳しく説明するが，意思決定への「参加」の効果は，モティベーションの向上や職務へのコミットメントといった動機面への効果が注目されてきた（小野 1983；渡辺 2015)。参加者の動機面への効果はもちろん重要であるが，認知的な側面，実際に問題解決に関わることによって得られる様々な知識や職務上の経験が個人や組織に与える影響については，正面から議論されていない。

Ⅲ．参加的意思決定と「稟議制度」による集団的意思決定

1．参加的意思決定の理論モデル

欧米では従業員の意思決定参加について，1940 年頃から 70 年以上におよぶ研究蓄積がある。それらの研究群の中では従業員の意思決定への参加を意味する状況は広く解釈されているが[4]，それらを包括的に定義すると，「マネ

ジメントが意思決定への影響力を階層的な上司と部下の間で共有する組織のプロセス」(Wagner and Gooding 1987b) となる。日本企業における「稟議制度」も従業員の意思決定参加の一つの形態とされてきたが (Saige and Aycan 2003；Saige and Koslowsky 2000；Misumi 1984)，それは欧州において主流であった経営民主化のケースとしてではなく，米国において主流であった，参加の経済的な効果，業績向上への注目の為であった (Wagner and Gooding 1987a)。

米国の参加的意思決定研究における参加とその経済的効果を説明する理論モデルは，認知的モデル，動機的（情緒的）モデル，コンティンジェンシー・モデルの三つのモデルがある。認知的モデルは，従業員が意思決定に参加することにより，職場内の情報共有や学習が進み，意思決定の質が向上するとともに，従業員の業務遂行能力が高まり，業績向上につながるというモデルである。動機的（情緒的）モデルとは，従業員が意思決定に参加することにより，彼らの意見が意思決定に反映される，あるいは上司と同等の権限を持つと感じることができ，職務満足度やモティベーション，職場の士気が向上し，組織に対するコミットメントが高まることにより業績の向上につながるとするモデルである (Saige and Koslowsky 2000；Wagner et al. 1997；Locke and Schweiger 1979)。三番目のコンティンジェンシー・モデルは，参加が生産性あるいは職務満足に影響を及ぼすメカニズムは，部下の能力や状況，意思決定の状況，上司と部下の関係，仕事のレベル，仕事の価値によって異なるという立場を取っている (Vroom and Yetton 1973；Vroom and Jago 1988)。コンティンジェンシー・モデルは，従業員の参加は常に効果があるのではなく，状況によっては上司の判断で単独で意思決定する方が，成果が上がるとしており，参加の効果への状況的な要因の影響を考慮している。

参加的意思決定の経済的効果の実証を試みる経験的な研究は主に米国で数多くなされたが，その結果を総合すると，動機的（情緒的）な効果は一貫して見られるが，認知的な効果は限定的であるという結論であった (Saige and Koslowsky 2000；Wagner et al. 1997)。

2．参加的意思決定と「稟議制度」による集団的意思決定の違い

しかし，参加的意思決定の理論モデルに従って日本企業の集団的意思決定を分析するには，以下のような問題点がある。まず一点目は作業グループ単位でのタスク業績や生産性の向上を目的としており，企業全体の業績や成長との関わりが明確でないことである。日本企業の場合，一つのチームや部署を超えた集団による意思決定が行われており，「稟議制度」による参加の効果は一つのチーム内での効果に留まるものではない。二点目は環境要因，状況要因として一つのチームや作業集団単位内での要因のみが取り上げられ，その企業全体の組織的要因は所与とされている点である。こうした問題が生じるのは，日本企業と米国企業との間で組織的な背景が異なるためであると考えられる。

まず，前述したように分業の構造が異なる。米国では個々の職務の権限の範囲は職務記述書によって明確に規定されており，従業員の意思決定参加は，個別の上司と部下の関係の中での意思決定に対する影響力の共有と定義される（Wagner and Gooding 1987b)。従って部下を意思決定に参加させるか否かは，管理者個人の責任と判断によって決定されることを前提としている（Vroom and Jago 1988)。つまり，従業員を意思決定に参加させる手法は，管理者個人のスキル，あるいはリーダーシップと考えられている。

しかし，日本企業においては職務間の分業が緩やかで，職位の権限の範囲を超えた提案することや，部署や階層を超えて意見の「すり合わせ」を行うことは日常的である。またそれが，組織の制度としての安定性と継続性を持つ。そのような中で，現場からの情報と，それに対する組織上層部の経営的な判断とが意思決定の分業プロセスによって情報共有され，ネットワークによる問題解決を行うという点が，「稟議制度」が米国の参加的意思決定と大きく異なる点である。

また，「稟議制度」によって組織下層の提案者が問題解決のための選択肢まで含めた提案を行い，他部署や上長との折衝を経て稟議書を仕上げる過程は，下層管理職のOJTとして人材育成機能を果たしていると考えられる。

日本企業における人材育成は，長期的な雇用を背景とする，社内での内部育成が主流である。特に，日本企業のホワイトカラーの人材育成の特徴は，

幅広い職能の経験と，OJT の重視にある（小池 1991)。小池（1991）によれば，OJT による技能習得の利点は，一つの職能の中でもやさしいレベルの仕事から，高度な仕事まで，大きなコストをかけずに段階的に習得できる点，職場の先輩により個別具体的に個人の進捗状況に合わせて訓練できるとともに，言葉では伝えにくい暗黙知の継承も可能である点を挙げている。

また中原（2012）によれば，個人が業務能力を向上させるのに必要なことは，現有する自らの業務能力を超えるようなストレッチ経験を付与することである。「稟議制度」による意思決定プロセスの分業や権限と責任の共有は，下位の職位の者が自分の業務能力を超えるストレッチした経験に，失敗した時の大きな責任を感じることなく挑戦することを可能にしている。こうした意思決定プロセスの分業構造によるホワイトカラーの OJT 機能は，制度として長期的に組織の中で繰り返されるため，安定的に，多くの従業員の問題解決能力や，不確実性への対処能力を養うことを可能にし，結果的に日本企業におけるミドル層の能力の高さや層の厚さに繋がってきたと考えられる。

3．日本企業の集団的意思決定を考慮した仮説

日本企業の稟議制度による集団的意思決定は，組織の他の制度（緩い分業，長期雇用，能力評価，育成方針など）との関連の中で機能しており，それゆえに先述したような人材育成機能を持続的に果たしてきたものと考えられる。その最も基本的な条件として，長期の雇用と，内部昇進がある。もし，長期的な雇用が保証されていない，あるいは内部での昇進の見込みが薄いという状況にあれば，部下が積極的に業務範囲を超えるようなストレッチ経験をするインセンティブは失われるであろう。職務範囲の規定や評価制度も重要である。明確な職務規定のもと，職務の価値やその結果で評価されるのであれば，職務の範囲を超えるような仕事は，そもそも命令することも，自ら引き受けることも難しい。一方，職務範囲が曖昧で，個人の職務遂行能力全般を評価するような人事制度は，稟議制度による仕事の経験を評価に反映させることができるであろう。

また，「稟議制度」は従業員の提案を組織の意思決定に反映させることに

より，動機的な効果にも影響を与えていることが考えられる。鈴木（2007）は，日本企業のコア人材のコミットメントに関して，愛社精神や組織への忠誠心を表す情緒的なコミットメントとは別に，「会社を背負う意識」という，「より積極的に組織の課題や困難に取り組む行動を予測する組織と個人の関係」（鈴木 2007，62頁）を表す変数を規定しているが，情緒的コミットメント，「会社を背負う意識」ともキャリアの見通しやスキルに影響を受けることが示されており，長期雇用や社内での育成との関係の強さが示唆される。

従って，「稟議制度」による人材育成は人事の諸制度と互いに関連し，機能を補完しあう一つのシステムとなっているという仮説を提示したい。

Ⅳ．おわりに

本稿において，日本企業の稟議制度による集団的意思決定は，意思決定プロセスの分業という構造を持つことを示した。この分業構造の違いは，職務を細分化，専門化することによって複雑な近代組織の合理的な意思決定を追求してきた欧米の組織の常識とは全く異なるため，その違いが意識されず，日本企業の成功を参加的意思決定の枠組みの中では十分に説明できないという点を明らかにした。

さらに，「稟議制度」は参加による上方への情報伝達手段であるとともに，意思決定プロセスの過程で，階層が低い職員に現有する職務能力を超える経験を与え，上位の管理職が根回しなどのコミュニケーションを経てそれを承認することにより，下層管理職のOJTの役割を果たしているという，これまで議論されてこなかった人材育成の機能について示した。また，「稟議制度」による人材育成は人事諸制度との整合性によりその機能を発揮しているという仮説を提示した。

しかし，現在そのシステムが機能しているとは言えないのは冒頭の問題意識でも述べた通りである。沼上ら（2007）による「組織の重さ」も，下層管理職からの提案が様々な組織の関係者のしがらみによってなかなか通らない組織の現状を訴えている。小城（2015）の組織衰退化のプロセスの研究によれば，事業環境変化への適応を阻害する要因として，予定調和的で妥協的な意思決定・調整プロセス，社内の評判や上司の意向を優先する評価基準，また経営幹部の情報分析能力の弱さや社内政治優先の傾向を挙げている。こうした社内での和を過度に重視する傾向は，「稟議制度」のような社内でネットワークによる意思決定プロセスによって助長される可能性がある。また，社内政治に長けた人物が優秀な人物とされて昇進することにより，経営トップとしての先見性や変革能力が「稟議制度」の中では育成できない可能性もある。

以上のような問題点を鑑みると，「稟議制度」はまさに制度疲労を起こしている状態だと言える。「稟議制度」が担ってきた人材の育成という機能を生かしつつ，意思決定プロセスの効率化を図る必要があるだろう。

今後の研究では定量的，定性的な調査によって企業の現状を明らかにし，本研究で示した仮説を実証していく必要がある。その上で，意思決定プロセスの改善についてより具体的な示唆が得られると考えている。

注

1）集団主義の定義は様々あるが，長瀬（2001）によれば，「集団の利益や統制と個人の利益や欲求の間にコンフリクトが生じたときに集団を優先する傾向を集団主義とする（93頁）」としており，本稿でもこの定義を採用する。

2）稟議制度は江戸時代の武家の制度にその起源を持ち（笠谷 1997），明治維新後に官公庁の官僚組織で採用されたものが，一般企業に広まったもの（Misumi 1984）とされている。

3）限定合理性とは，Simon によってその当時の経済学が前提とする完全に合理的な意思決定をする人間モデル（経済人）に対する批判から定義された，組織と経営管理の現実世界における人間の性質を指している。それは「人間の行動が，合理的であろうと意図されているが，その合理性が制約されている」状態である（Simon 1997）。具体的には，客観的合理性が要求する①すべての選択可能な代替案の集合の想起，②各選択に続いて起こる諸結果についての完全な知識と予測，③それらの諸結果についての比較可能な基準に従った重みづけのいずれも現実の人間には不可能であり，実際の意思決定は，客観的合理性に基づく最適な選択よりも，満足できる中で最低の基準を上回る代替案を選択する満足基準によって選択をしているということを指す（Simon 1997；March and Simon 1993）。

4）「参加的意思決定」に含まれる組織現象は，労働組合や労働者代表による経営的な意思決定への参加から，従業員株主制度，従業員による自主管理チーム，完全な権限委譲まで幅広い（Saige and Koslowsky 2000；Locke and Schweiger 1979；Strauss and Rosenstein 1970）。

参考文献

Abegglen, J. C. (1958), *The Japanese Factory: Aspects of Its Social Organization*, Free Press.（占部都美監訳『日本の経営』ダイヤモンド社，1958年。）

Kono, T. and Clegg, S. (2001), *Trends in Japanese Management: Continuing Strengths, Current Problems and Changing Priorities*, Palgrave.（吉村典久監訳『日本的経営の変革――持続する強みと問題点――』有斐閣，2002年。）
Locke, E. A. and Schweiger, D. M. (1979), "Participation in decision-making: One more look," *Research in Organizational Behavior*, Vol. 1, pp. 265-339.
March, J. G. and Simon, H. A. (1993), *Organizations*, 2nd Edition, John Wiley.（高橋伸夫訳『オーガニゼーションズ――現代組織論の原典――』ダイヤモンド社，2014年。）
Misumi, J. (1984), "Decision-making in Japanese groups and organizations," in Wilpert, B. and Sorge, A. (eds.), *International Perspectives on Organizational Democracy*, pp. 525-539.
Saige, A. and Aycan, Z. (2003), "A Cross-Cultural Analysis of Participative Decision Making in Organization," *Human Relations*, Vol. 56 (4), pp. 453-473.
Saige, A. and Koslowsky, M. (2000), *Participation and Empowerment in Organizations: Modeling, Effectiveness and Applications*, Sage Publications.
Simon, H. A. (1977), *The New Science of Management Decision*, Prentice Hall.（稲葉元吉・倉井武夫訳『意思決定の科学』産業能率大学出版部，1979年。）
Simon, H. A. (1997), *Administrative Behavior: A Study of Decision-Making Processes in Administrative Organizations*, 4th Edition, Free Press.（二村敏子・桑田耕太郎・高尾義明・西脇暢子・高柳美香訳『新版　経営行動』ダイヤモンド社，2009年。）
Strauss, G. and Rosenstein, E. (1970), "Workers Participation: A Critical View," *Industrial Relations: A Journal of Economy and Society*, Vol. 9 (2), pp. 197-214.
Vroom, V. H. and Jago, A. G. (1988), *The New Leadership: Managing Participation in Organizations*, Prentice Hall.
Vroom, V. H. and Yetton, P. W. (1973), *Leadership and Decision-Making*, University of Pittsburg Press.
Wagner, J. A. and Gooding, R. Z. (1987a), "Effects of Societal Trends on Participation Research," *Administrative Science Quarterly*, Vol. 32, pp. 241-262.
Wagner, J. A. and Gooding, R. Z. (1987b), "Shared Influence and Organizational Behavior: A Meta-Analysis of Situational Variables Expected To Moderate Participation-Outcome Relations," *Academy of Management Journal*, Vol. 30 (3), pp. 524-541.
Wagner, J. A., Leana, C. R., Locke, E. A. and Schweiger, D. M. (1997), "Cognitive and Motivational Frameworks in U.S. Research on Participation: A Meta-analysis of Primary Effects," *Journal of Organization Behavior*, Vol. 18, pp. 49-65.
小野豊明（1960），『日本的経営と稟議制度』ダイヤモンド社。
小野豊明（1983），「日本企業の意思決定システム――その近代化と稟議制度の変貌――」『上智経済論集』第30巻第1号，1-14頁。
笠谷和比古（1997），『士（サムライ）の思想』同時代ライブラリー。
小池和男編（1991），『大卒ホワイトカラーの人材開発』東洋経済新報社。
小池和男・猪木武徳編著（2002），『ホワイトカラーの人材形成――日米英独の比較――』東洋経済新報社。
小城武彦（2015），「組織衰退プロセスからの脱却を阻害する組織内メカニズム」『日本経営学会誌』第36号，62-73頁。
鈴木竜太（2007），「大卒ホワイトカラーにおける組織を背負う意識に関する実証的研究」『国民経済雑誌』第196巻第3号，57-73頁。
長瀬勝彦（2001），「日本の組織における集団主義的意思決定」『駒大経営研究』第32巻第3号，

93-102頁。
中原淳（2012），『経営学習論――人材育成を科学する――』東京大学出版会。
沼上幹・軽部大・加藤俊彦・田中一弘・島本実（2007），『組織の〈重さ〉――日本的企業組織の再点検――』日本経済新聞社。
間宏（1971），『日本的経営――集団主義の功罪――』日本経済新聞社。
渡辺聰子（2015），『グローバル化の中の日本型経営――ポスト市場主義の挑戦――』同文舘出版。

第Ⅳ部

文　献

ここに掲載の文献一覧は，第Ⅱ部の統一論題論文執筆者が各自のテーマの基本文献としてリストアップしたものを，年報編集委員会の責任において集約したものである。

1　経営学史研究の挑戦――その持つ意味――

外国語文献

1　Barnard, C. I. (1938, 1968), *The Functions of the Executive*, Harvard University Press.（山本安次郎・田杉競・飯野春樹訳『新訳　経営者の役割』ダイヤモンド社，1968年。）

2　Kuhn, T. S. (1962, 2012), *The Structure of Scientific Revolutions*, 4th ed., University of Chicago Press.（中山茂訳『科学革命の構造』みすず書房，1971年。）

3　Putnam, H. (1981), *Reason, Truth and History*, Cambridge University Press.（野本和幸・中川大他訳『理性・真理・歴史――内在的実在論の展開――』法政大学出版局，2012年。）

4　Quine, W. V. O. (1953, 1980), *From a Logical Point of View: 9 Logico-Philosophical Essays*, 2nd ed., Harvard University Press.（飯田隆訳『論理的観点から――論理と哲学をめぐる九章――』勁草書房，1992年。）

5　Rorty, R. (1982), *Consequences of Pragmatism*, University of Minnesota Press.（室井尚・吉岡洋他訳『プラグマティズムの帰結』筑摩書房，2014年。）

6　Simon, H. A. (1947, 1997), *Administrative Behavior: A Study of Decision-Making Processes in Administrative Organization*, 4th ed., The Free Press.（二村敏子・桑田耕太郎他訳『新版　経営行動――経営組織における意思決定過程の研究――』ダイヤモンド社，2009年。）

7　Whitehead, A. N. (1933, 1935), *Adventures of Ideas*, Cambridge University Press.（山本誠作・菱木政晴訳『観念の冒険』松籟社，1982年。）

日本語文献

1　小笠原英司（2004），『経営哲学研究序説――経営学的経営哲学の構想――』文眞堂。

2　経営学史学会編（2012），『経営学の思想と方法（経営学史学会年報 第19輯）』文眞堂。

3　経営学史学会編（2013），『経営学の貢献と反省――21世紀を見据えて――（経営学史学会年報 第20輯）』文眞堂。

4　経営学史学会編（2017），『経営学史研究の興亡（経営学史学会年報 第24輯）』

文眞堂。
5 庭本佳和（2012），『バーナード経営学の展開――意味と生命を求めて――』文眞堂。
6 野家啓一（2015），『科学哲学への招待』ちくま学芸文庫。
7 藤沼司（2015），『経営学と文明の転換――知己経営論の系譜とその批判的研究――』文眞堂。
8 三戸公（2002），『管理とは何か』文眞堂。
9 村田晴夫（1984），『管理の哲学』文眞堂。
10 村田晴夫・吉原正彦編（2010），『経営思想研究への討究――学問の新しい形――』文眞堂。
11 山本安次郎（1961），『経営学本質論』森山書店。
12 山本安次郎（1975），『経営学研究方法論』丸善。
13 吉原正彦（2006），『経営学の新紀元を拓いた思想家たち――1930年代のハーバードを舞台に――』文眞堂。

2 経営学史研究の意義を探って――実践性との関連で――

外国語文献

1 Argyris, C. and Schön, D. A.（1978）, *Organizational Learning: A Theory of Action Perspective*, Addison-Wesley Publishing.
2 Bucheli, M. and Wadhwani, R. D.（ed.）（2014）, *Organizations in Time: History, Theory, Methods*, Oxford University Press.
3 Burrell, G. and Morgan, G.（1979）, *Sociological Paradigms and Organisational Analysis: Elements of the Sociology of Corporate Life*, Heinemann.（鎌田伸一・金井一頼・野中郁次郎訳『組織理論のパラダイム：機能主義の分析枠組』千倉書房，1986年。）
4 Scherer, A. G./Kaufmann, I. M./Patzer, M.（Hrsg.）（2009）, *Methoden in der Betriebswirtschaftslehre*, Gabler.
5 Schön, D. A.（1983）, *The Reflective Practitioner: How Professionals Think in Action*, Basic Books.（柳沢昌一・三輪健二監訳『省察的実践とは何か：プロフェッショナルの行為と思考』鳳書房，2007年。）
6 Tsang, E. W. K.（2017）, *The Philosophy of Management Research*, Routledge.
7 Tsoukas, H. and Chia, R.（ed.）（2011）, *Philosophy and Organization Theory*, Emerald.

日本語文献

1　伊藤邦武（2016），『プラグマティズム入門』筑摩書房。

2　金井壽宏（2005），『リーダーシップ入門』日経文庫。

3　久保広正・海道ノブチカ編著（2013），『EU 経済の進展と企業・経営』勁草書房。

4　田村正紀（2006），『リサーチ・デザイン：経営知識創造の基本技術』白桃書房。

5　中村達也・八木紀一郎・新村聡・井上義朗（2001），『経済学の歴史：市場経済を読み解く』有斐閣。

6　保城広至（2015），『歴史から理論を創造する方法：社会科学と歴史学を統合する』勁草書房。

3　経営学の“実践性”と経営者育成論（経営教育学）の構想

外国語文献

1　Barnard, C. I. (1938), *The Functions of the Executive*, Harvard Univ. Press.（山本安次郎・田杉競・飯野春樹訳『新訳　経営者の役割』ダイヤモンド社，1968 年。）

2　Barnes, L. B., Christensen, R. and Hansen, A. J. (1994), *Teaching and the Case Method*, 3rd ed., Harvard Business School Press.（高木晴夫訳『ケース・メソッド教授法――世界のビジネス・スクールで採用されている――』ダイヤモンド社，2010 年。）

3　Christensen, C. R. and Hansen, A. J. (1981), *Teaching and the Case Method: Text, Cases, and Readings*, Havard Business School.

4　Ellet, W. (2007), *The Case Study Handbook: How to Read, Discuss, and Write persuasively about Cases*, Harvard Business School Press.（斎藤聖美訳『入門　ケース・メソッド学習法――世界のビジネス・スクールで採用されている――』ダイヤモンド社，2010 年。）

5　Mintzberg, H. (1973), *The Nature of Managerial Work*, Harper&Collins.（奥村哲史・須貝栄訳『マネジャーの仕事』白桃書房，1993 年。）

6　Mintzberg, H. (2004), *Managers Not MBAs: A Hard Look at the Soft Practice of Managing and Management Development*, Berrett-Koehler Publishers.（池村千秋訳『MBA が会社を滅ぼす――マネジャーの正しい育て方――』日経 BP 社，2006 年。）

7　Mintzberg, H. (2009), *Managing by Henry Mintzberg*, Berrett-Koehler Publishers, Inc.（池村千秋訳『マネジャーの実像――「管理職」はなぜ

仕事に追われているのか──』日経BP社，2011年。）
8 McNair, M. P. (ed.) (1954), *The Case Method at the Harvard Business School: Papers by Present and Past Members of the Faculty and Staff*, McGraw-Hill Book Company, Inc.（慶應義塾大学ビジネス・スクール訳『ケース・メソッドの理論と実際──ハーバード・ビジネス・スクールの経営教育──』東洋経済新報社，1977年。）
9 Roethlisberger, F. J. (1977), *The Elusive Phenomena: An Autobiographical Account of My Work in the Field of Organizational Behavior at the Harvard Business School*, Harvard Univ. Press.

日本語文献

1 坂井正廣（1996），『経営学教育の理論と実践──ケース・メソッドを中心として──』文眞堂。
2 高木晴夫監修・竹内伸一（2010），『ケース・メソッド教授法入門──理論・技法・演習・ココロ──』慶應義塾大学出版会。
3 高瀬荘太郎編（1965），『経営者教育』経林書房。
4 竹内毅（2009），『経営と西田哲学──事実より真実を求める経営学──』文眞堂。
5 辻村宏和（2001），『経営者育成の理論的基盤──経営技能の習得とケース・メソッド──』文眞堂。
6 村本芳郎（1982），『ケース・メソッド経営教育論』文眞堂。
7 森本三男編（1999），『日本経営教育学会創立20周年記念論文集1：実践経営の課題と経営教育』学文社。
8 山城章（1960），『実践経営学』同文舘出版。
9 山城章（1982），『経営学〔増補版〕』白桃書房。
10 山本安次郎（1972），『増補　経営学要論』ミネルヴァ書房。

4　経営学の「科学化」と実証研究──経営学史研究の意義──

外国語文献

1 Barnard, C. I. (1938, 1968), *The Functions of the Executive*, Harvard University Press.（田杉競監訳『経営者の役割──その職能と組織──』ダイヤモンド社，1956年；山本安次郎・田杉競・飯野春樹訳『新訳 経営者の役割』ダイヤモンド社，1968年。）
2 Drucker, P. F. (1954), *The Practice of Management*, Harper & Row.（野田一

夫監修／現代経営研究会訳『現代の経営（上・下)』ダイヤモンド社, 1965年；上田惇生訳『現代の経営（上・下)』ダイヤモンド社, 2006年。)

3　Drucker, P. F. (1974), *Management: Tasks, Responsibilities, Practices*, Harper & Row.（野田一夫・村上恒夫監訳『マネジメント──課題，責任，実践（上・下)』ダイヤモンド社, 1974年；上田惇生訳『マネジメント──課題，責任，実践（上・中・下)』ダイヤモンド社，2008年。)

4　Mintzberg, H. (2004), *Managers Not MBAs: A Hard Look at the Soft Practice of Managing and Management Development*, Berrett-Koehler Publishers.（池村千秋訳『MBAが会社を滅ぼす──マネジャーの正しい育て方』日経BP社，2006年。)

5　Mintzberg, H. (1975, 1976, 1981, 1987, 1994, 1996, 1998, 1999, 2003), *Harvard Business Review Henry Minzberg on Management*, Harvard Business School Press.（DIAMONDハーバードビジネスレビュー編集部編訳『H.ミンツバーグ経営論』ダイヤモンド社，2007年。)

日本語文献

1　入山章栄（2012),『世界の経営学者はいま何を考えているのか──知られざるビジネスの知のフロンティア──』英治出版。

2　小倉昌男（1999),『小倉昌男　経営学』日経BP社。

3　経営学史学会編（2007),『経営学の現在──ガバナンス論，組織論・戦略論──（経営学史学会年報 第14輯)』文眞堂。

4　経営学史学会編（2009),『経営理論と実践（経営学史学会年報 第16輯)』文眞堂。

5　経営学史学会編（2012),『経営学の思想と方法（経営学史学会年報 第19輯)』文眞堂。

6　経営学史学会編（2017),『経営学史研究の興亡（経営学史学会年報 第24輯)』文眞堂。

7　佐和隆光（1979),『経済学の世界──アメリカと日本──』東洋経済新報社。

8　佐和隆光（2016),『経済学のすすめ──人文知と批判精神の復権──』岩波書店。

9　三戸公（2002),『管理とは何か──テイラー，フォレット，バーナード，ドラッカーを超えて──』文眞堂。

5　物語る経営学史研究

外国語文献

1　Bateson, G. (1972), *Steps to an Ecology of Mind*, Ballantine Books.（佐藤良明訳『精神の生態学』新思索社，2000 年。）

2　Engeström, Y. (1987), *Learning by Expanding*, Orienta-Konsultit.（山住勝広他訳『拡張による学習――活動理論からのアプローチ――』新曜社，1999 年。）

3　Ingold, T. (2007), *Lines: A Brief History*, Routledge.（工藤晋訳『ラインズ――線の文化史――』左右社，2014 年。）

4　Latour, B. (1993), *We Have Never Been Modern*, Harvard University Press.（川村久美子訳『虚構の近代――科学人類学は警告する――』新評社，2008 年。）

5　Lévi-Strauss, C. (1962), *La pensée sauvage*, Plon.（大橋保夫訳『野生の思考』みすず書房，1976 年。）

6　Morgan, G. (1986), *Images of Organization*, Sage.

7　Weick, K. E. (1979), *The Social Psychology of Organizing*, 2nd ed., Addison-Wesley.（遠田雄志訳『組織化の社会心理学』文眞堂，1997 年。）

8　White, M. and Epston, D. (1990), *Narrative Means to Therapeutic Ends*, W. W. Norton.（小森康永訳『物語としての家族』金剛出版，1990 年。）

日本語文献

1　大賀佑樹（2015），『希望の思想――プラグマティズム入門――』筑摩書房。

2　桑田耕太郎・松嶋登・高橋勅徳編（2015），『制度的企業家』ナカニシヤ出版。

3　斎藤清二（2014），『関係性の医療学――ナラティブ・ベイスト・メディスン論考――』遠見書房。

4　野家啓一（2005），『物語の哲学』岩波書店。

5　野口裕二（2002），『物語としてのケア――ナラティブアプローチの世界へ――』医学書院。

6　向谷地生良（2009），『技法以前――べてるの家のつくりかた――』医学書院。

第V部

資　料

経営学史学会第25回全国大会実行委員長挨拶

小松原　聡

経営学史学会第25回全国大会を2017年5月26日（金）から28日（日）までの3日間にわたり，青森中央学院大学にて開催いたしました。当初は例年と同時期の5月19日（金）から21日（日）にかけての開催を予定していましたが，この期間は開催地青森市内の宿泊事情が非常に悪かったため，やむを得ず予定のスケジュールを一週間遅らせての開催の運びとなりました。日程の変更により，皆様には多大なご迷惑をおかけしましたことを改めてお詫び申し上げます。

青森中央学院大学の経営母体である学校法人青森田中学園の創立は昭和21年に遡り，青森珠算簿記学院（現青森中央経理専門学校）並びに青森裁縫学院（現青森中央文化専門学校）の二校がこの年に設立されました。青森中央学院大学は，世界が大きく変動する時代を迎えていた平成10年4月に，全国で初となる経営法学部を擁する国際色豊かな大学として誕生いたしました。その後平成26年4月に新たに看護学部を開設し，現在の二学部体制となりました。

このように規模的にはとても小さな大学であるにもかかわらず，今回経営学史学会第25回全国大会を開催するという大役を務めさせていただきましたことをとても光栄に思い，このような機会を与えて下さいました学会に感謝しています。また，ご参加いただいた多くの皆様にとって遠隔地での開催であったにもかかわらず，大会には総勢80名を超える方々にご来場いただきました。お運びいただいた皆様に，実行委員一同謹んでお礼申し上げます。

本学会では，「経営学とはいかなる学問であるのか」，「経営学史研究は何のために存在するのか」を常に問い続けてきました。学会として一つの区切りを迎える今回の第25回全国大会では，経営学と経営学史研究における理論と実践との関係性や架橋可能性をめぐる議論を洗い直し，経営学史あるいは経営学の原理的研究が経営の現実世界と実践に対する基礎づけを成し得る可能性を明らかにし，経営学史研究それ自体を鍛え直すための方向性を導き出すことを目指しました。そこで，「経営学史研究の挑戦」という統一論題が設定されました。さらに，経営の現実世界あるいは経営実践という軸に立って，経営学史研究は何を解明でき何が課題となるのかという従来とは逆の接近方法を採用し，「サブ・テーマⅠ：経営学史研究にみる実践への挑戦」と「サブ・テーマⅡ：経営学史研究から実証研究への挑戦」という二つのサブ・テーマが設定されました。

サブ・テーマⅠについては二名の報告者から，「経営学史研究の意義を探って──実践性との関連で──」，「経営学の“実践性”と経営者育成論（経営教育学）の構想」，という論題で二つの報告がなされました。サブ・テーマⅡについても二名の報告者から，「経営学の『科学化』と実証研究──経営学史研究の意義──」，「物語る経営学史研究」，という論題で二つの報告がなされました。それぞれの論題について，報告 30 分，討論 20 分，質疑応答 50 分の合計 100 分間に及ぶたいへん充実して有意義な議論が展開されました。また自由論題におきましては，六名の報告者からさまざまな視点に基づく興味深いテーマに関する報告と討論が展開されました。ご報告いただいた先生方をはじめ，司会者，討論者，チェアパーソンをお務めいただいた先生方，さらにフロアから議論をより深める数々のご質問を頂戴した学会員の皆様に深く感謝申し上げます。

今回の全国大会は，本学に在籍する限られた経営学史学会の会員のみならず，経営法学部並びに看護学部の学会員以外の多くの教員並びに学生達の協力の下で開催いたしました。それにもかかわらず，実行委員長の経験不足により至らぬ点が多々あり，皆様方にはご不便・ご迷惑をおかけいたしましたことにつきましては深くお詫び申し上げます。何とか大会を終えることができましたが，ご支援・ご指導下さいました第 8 期の理事並びに幹事の諸先生方に心からお礼申し上げます。

学会員の皆様のこれからのますますのご活躍をご期待申し上げるとともに，2018 年 5 月に神戸大学で開催される経営学史学会第 26 回全国大会も実り多きものとなり，経営学と本学会の発展と充実に寄与することをお祈り申し上げます。

第25回全国大会を振り返って

河　辺　　　純

経営学史学会第25回全国大会は，2017年5月26日（金）から28日（日）にかけて青森中央学院大学において開催された。今大会は，第23回大会「経営学の批判力と構想力」そして第24回大会「経営学史研究の興亡」に続く，経営学史研究の意義を問う区切りの大会として「経営学史研究の挑戦」という統一論題が掲げられた。とりわけ，本テーマを実践から問うことを意識し，「経営学史研究にみる実践への挑戦」と「経営学史研究から実証研究への挑戦」という2つのサブ・テーマが設けられた。

27日午前に3会場で行われた自由論題報告のあと，大会実行委員長の小松原聡会員による開会の辞が述べられ，吉原正彦理事長による「経営学史研究の挑戦――その持つ意味――」と題する基調報告が行われた。引き続いて，2日間にわたって統一論題について4つの報告が行われた。

27日は，サブ・テーマⅠ「経営学史研究にみる実践への挑戦」のもと，梶脇裕二会員の「経営学史研究の意義を探って――実践性との関連で――」，および辻村宏和会員の「経営学の“実践性”と経営者育成論（経営教育学）の構想」と題する報告がなされた。翌28日はサブ・テーマⅡ「経営学史研究から実証研究への挑戦」のもと，勝部伸夫会員の「経営学の『実践性』を問う――経営学とは何か――」，および宇田川元一会員の「物語る経営学史研究」と題する報告がなされた。両日の各報告はいずれも，学問としての経営学と経営実践の関係性について真正面から問う内容であり，独自性と独創性のある主張は統一論題に即したものであった。また討論者からの各報告に対する討論課題のもと，会場での議論が活発に展開された。

自由論題報告も2日間で3会場において6つの報告が行われた。各報告者からの意欲的な研究成果が発表され，いずれの会場でも活発な質疑応答がなされた。

会員総会では1年間の活動報告と収支決算報告があり，そのあと次年度の活動計画と収支予算案が説明され承認された。続いて第 9 期役員選挙が行われた。また，本年度の経営学史学会賞著書部門が，岩田浩会員の『経営倫理とプラグマティズム――ジョン・デューイの思想に依拠した序説的考察――』（文眞堂）に授与されることが杉田博学会賞審査委員長から発表された。なお，次回 26 回大会については神戸大学での開催が決定したことが報告され，開催校を代表して上林憲雄会員より挨拶があった。

新緑の青森での今大会が充実した内容となったのは，小松原聡大会実行委員長をはじめ，青森中央学院大学の先生方，そして多くの学生の皆様による周到な準備と大会期間中における配慮のおかげである。心より感謝申し上げたい。

第 25 回大会のプログラムは次の通りである。

2017 年 5 月 27 日（土）

【自由論題】（報告 25 分，質疑応答 30 分）

A 会場（本部棟 3 階・031 教室）

9：35～10：30　報告者：山口尚美（一橋大学）
「株式会社の『公共性』に関する日独比較」
チェアパーソン：渡辺敏雄（関西学院大学）

B 会場（本部棟 4 階・041 教室）

9：35～10：30　報告者：堀龍　崇（新潟大学）
「今後のわが国における医療提供システムの方向性に関する一考察――取引コストアプローチの限界を中心に――」
チェアパーソン：小島　愛（立命館大学）

C 会場（本部棟 5 階・051 教室）

9：35～10：30　報告者：Heller Daniel（横浜国立大学）
「スローンとドラッカーを『裏切った』GM の命運：日本企業への教訓」
チェアパーソン：松田　健（駒澤大学）

【開会・基調報告】（7 号館 1 階・711 教室）

10：50～11：25　開会の辞：第25回全国大会実行委員長　小松原聡（青森中央学院大学）
基調報告：吉原正彦（青森中央学院大学）
論　題：「経営学史研究の挑戦――その持つ意味――」
司会者：中川誠士（福岡大学）

【統一論題】（7号館1階・711教室）

12：25～14：05　サブ・テーマⅠ：経営学史研究にみる実践への挑戦（第1報告）
報告者：梶脇裕二（龍谷大学）
論　題：「経営学史研究の意義を探って――実践性との関連で――」
討論者：風間信隆（明治大学）
司会者：片岡信之（龍谷大学）

14：20～16：00　サブ・テーマⅠ：経営学史研究にみる実践への挑戦（第2報告）
報告者：辻村宏和（中部大学）
論　題：「経営学の“実践性”と経営者育成論（経営教育学）の構想」
討論者：岩田　浩（龍谷大学）
司会者：福永文美夫（久留米大学）

【会員総会・役員選挙】（7号館1階・711教室）

16：10～17：30

【懇親会】（青森国際ホテル）

18：30～20：10

2017年5月28日（日）

【自由論題】（報告25分，質疑応答30分）

A会場（本部棟3階・031教室）

10：10～11：05　報告者：浅井希和子（神戸大学・院）
「日本企業の集団的意思決定プロセスの研究――組織論

の分析視角と日本的経営――」

チェアパーソン：丹沢安治（中央大学）

B 会場（本部棟 4 階・041 教室）

10：10～11：05　報告者：春日　賢（北海学園大学）

「ドラッカーの人間モデルに関する一考察――『産業人』と『知識労働者』――」

チェアパーソン：高橋公夫（関東学院大学）

C 会場（本部棟 5 階・051 教室）

10：10～11：05　報告者：米川　清（熊本学園大学）

「オリバー・ウィリアムソンの批判的検討――機会主義の盲点と市場の失敗の挫折――」

チェアパーソン：山口隆之（関西学院大学）

【統一論題】（7 号館 1 階・711 教室）

12：05～13：45　サブ・テーマⅡ：経営学史研究から実証研究への挑戦（第 1 報告）

報告者：勝部伸夫（専修大学）

論　題：「経営学の『科学化』と実証研究――経営学史研究の意義――」

討論者：山縣正幸（近畿大学）

司会者：小笠原英司（明治大学）

13：50～15：30　サブ・テーマⅡ：経営学史研究から実証研究への挑戦（第 2 報告）

報告者：宇田川元一（埼玉大学）

論　題：「物語る経営学史研究」

討論者：上林憲雄（神戸大学）

司会者：桑田耕太郎（首都大学東京）

【大会総括・閉会】（7 号館 1 階・711 教室）

15：30～15：40　大会総括：学会理事長　吉原正彦（青森中央学院大学）

閉会の辞：第 25 回全国大会実行委員長　小松原聡（青森中央学院大学）

執筆者紹介（執筆順，肩書には大会後の変化が反映されている）

吉《よし》原《はら》正《まさ》彦《ひこ》（青森中央学院大学経営法学部教授）

主著『経営学の新紀元を拓いた思想家たち——1930年代のハーバードを舞台に——』文眞堂，2006 年

主要論文「企業経営の永続性——環境と経営の問題——」日本経営学会編『新たな経営原理の探求——経営学論集第 81 集——』千倉書房，2011 年

梶《かじ》脇《わき》裕《ゆう》二《じ》（龍谷大学教授）

主著『ドイツ一般経営学史序説』同文舘出版，2009 年

主要論文「経済民主主義とニックリッシュ」経営学史学会監修／田中照純編著『ニックリッシュ——経営共同体の思想——（経営学史叢書Ⅺ）』文眞堂，2012 年

辻《つじ》村《むら》宏《ひろ》和《かず》（中部大学経営情報学部教授）

主著『経営者育成の理論的基盤——経営技能の習得とケース・メソッド——』文眞堂，2001 年

主要論文「経営教育学序説——経営者の『主客合一性』と一人称レベルの持論——」日本マネジメント学会編『経営教育研究』第 21 巻第 1 号，学文社，2018 年

勝《かつ》部《べ》伸《のぶ》夫《お》（専修大学商学部教授）

主著『コーポレート・ガバナンス論序説——会社支配論からコーポレート・ガバナンス論へ——』文眞堂，2004 年

『バーリ＝ミーンズ（経営学史叢書Ⅴ）』（共著）文眞堂，2013 年

宇田川《うだがわ》元《もと》一《かず》（埼玉大学大学院人文社会科学研究科准教授）

主要論文「生成する組織の研究——連鎖・流転・媒介する組織パースペクティヴの可能性——」『組織科学』第 49 巻第 2 号，2015 年

「言語システムとしての組織——ナラティヴ・アプローチの組織論研究に向けて——」『経営哲学』第 13 巻第 1 号，2016 年

山《やま》　口《ぐち》　尚《なお》　美《み》（一橋大学大学院商学研究科研究補助員）

主要論文「企業統治の連続性に関する日独比較」一橋大学大学院商学研究科博士論文，2016年

「閉鎖的所有構造の形成を基礎とするドイツの企業統治モデル」工業経営研究学会編『工業経営研究』第31巻第1号，2017年

浅《あさ》　井《い》　希《き》和《わ》子《こ》（神戸大学大学院経営学研究科博士課程後期課程）

主要論文「参加的意思決定のメカニズムとその課題――日本におけるコンティンジェンシー・モデルの可能性――（大阪府立大学大学院経済学研究科修士論文）」2016年

経営学史学会年報掲載論文（自由論題）審査規定

1　本審査規定は本学会の年次大会での自由論題報告を条件にした論文原稿を対象とする。

2　編集委員会による形式審査

原稿が著しく規定に反している場合，編集委員会の責任において却下することができる。

3　査読委員の選定

査読委員は，原稿の内容から判断して適当と思われる会員2名に地域的バランスも考慮して，編集委員会が委嘱する。なお，大会当日の当該報告のチェアパーソンには査読委員を委嘱しない。また会員に適切な査読委員を得られない場合，会員外に査読委員を委嘱することができる。なお，原稿執筆者と特別な関係にある者（たとえば指導教授，同門生，同僚）には，査読委員を委嘱できない。

なお，査読委員は執筆者に対して匿名とし，執筆者との対応はすべて編集委員会が行う。

4　編集委員会への査読結果の報告

査読委員は，論文入手後速やかに査読を行い，その結果を30日以内に所定の「査読結果報告書」に記入し，編集委員会に査読結果を報告しなければならない。なお，報告書における「論文掲載の適否」は，次のように区分する。

①**適**：掲載可とするもの。

②**条件付き適**：条件付きで掲載可とするもの。査読委員のコメントを執筆者に返送し，再検討および修正を要請する。再提出された原稿の修正確認は編集委員会が行う。

③**再査読**：再査読を要するもの。査読委員のコメントを執筆者に返送し，再検討および修正を要請する。再提出された原稿は査読委員が再査読し，判断する。

④**不適**：掲載不可とするもの。ただし，他の1名の評価が上記①〜③の場合，査読委員のコメントを執筆者に返送し，再検討および修正を要請する。再提出された原稿は査読委員が再査読し，判断する。

なお，再査読後の評価は「適（条件付きの場合も含む）」と「不適」の2つとする。また，再査読後の評価が「不適」の場合，編集委員会の最終評価は，「掲載可」「掲載不可」の２つとするが，再査読論文に対して若干の修正を条件に「掲載可」とすることもある。その場合の最終判断は編集委員会が行う。

5　原稿の採否

編集委員会は，査読報告に基づいて，原稿の採否を以下のようなルールに従って決定する。

①査読委員が２名とも「適」の場合は，掲載を可とする。

②査読委員１名が「適」で，他の１名が「条件付き適」の場合は，修正原稿を編集委員会が確認した後，掲載を可とする。

③査読委員１名が「適」で，他の１名が「再査読」の場合は，後者に修正原稿を再査読するよう要請する。その結果が「適（条件付きの場合を含む）」の場合は，編集委員会が確認した後，掲載を可とする。「不適」の場合は，当該査読委員がそのコメントを編集委員会に提出し，編集委員会が最終判断を行う。

④査読委員が２名とも「条件付き適」の場合は，修正原稿を編集委員会が確認した後，掲載を可とする。

⑤査読委員１名が「条件付き適」で，他の１名が「再査読」の場合は，後者に修正原稿を再査読するよう要請する。その結果が「適（条件付きの場合を含む）」の場合は，編集委員会が前者の修正点を含め確認した後，掲載を可とする。「不適」の場合は，当該査読委員がそのコメントを編集委員会に提出し，編集委員会が最終判断を行う。

⑥査読委員が２名とも「再査読」の場合は，両者に修正原稿を再査読するよう要請する。その結果が２名とも「適（条件付きの場合を含む）」の場合は，編集委員会が確認した後，掲載を可とする。１名あるいは２名とも「不適」の場合は，当該査読委員がそのコメントを編集委員会に提出し，編集委員会が最終判断を行う。

⑦査読委員１名が「条件付き適」で，他の１名が「不適」の場合は，後者に修正原稿を再査読するよう要請する。その結果が「適（条件付きの場合を含む）」の場合は，編集委員会が前者の修正点を含め確認した後，掲載を可とする。「不適」の場合は，当該査読委員がそのコメントを編集委員会に提出し，編集委員会が最終判断を行う。

⑧査読委員１名が「再査読」で，他の１名が「不適」の場合は，両者に修正原稿を再査読するよう要請する。その結果が２名とも「適（条件付きの場合を含

む)」の場合は，編集委員会が確認した後，掲載を可とする。1名あるいは2名とも「不適」の場合は，当該査読委員がそのコメントを編集委員会に提出し，編集委員会が最終判断を行う。

⑨査読委員1名が「適」で，他の1名が「不適」の場合は，後者に修正原稿を再査読するよう要請する。その結果が「適（条件付きの場合を含む)」の場合は，編集委員会が確認した後，掲載を可とする。「不適」の場合は，当該査読委員がそのコメントを編集委員会に提出し，編集委員会が最終判断を行う。

⑩査読委員が2名とも「不適」の場合は，掲載を不可とする。

6　執筆者への採否の通知

編集委員会は，原稿の採否，掲載・不掲載の決定を，執筆者に文章で通知する。

編集後記

経営学史学会年報第25輯を会員の皆様にお届けできることをまずは喜びたい。「経営学史研究の挑戦」というタイトルの下で行なわれた大会報告を基盤にした年報である。さて，諸学会のうち，大会での報告を基にして書かれた論文を主として掲載した雑誌は数あるが，経営学史学会年報はこのうちでも，質はもとより装丁を含めた全体的なアカデミック感で抜きん出ているものと確信している。今回第25輯のために寄稿された先生方ならびにいつもながら編集への協力を惜しまれなかった書肆の文眞堂には厚く御礼申し上げる次第である。前輯から装丁も一新され，良き伝統は守り，他方で心機一転して編集に望んだ次第である。昨年の第25回全国大会において，新役員が選出され，小職も一員である運営委員会によって，重要な懸案事項が審議されつつある。経営学史学会が活性化され，ますます発展する方針が出せるようにしたいものである。これとの関連で全体の方針の中において年報が果たす役割は大きいものがある。まず，学会の研究を外に向かって発信するという広報機能があるとともに，さらに，査読付きの論文を掲載することによって研究雑誌としての良質の水準を維持して，ひいては学会の研究水準の維持向上に寄与している面がある。最近，経営学を研究する若手研究者の間では，実証研究やケース研究が隆盛を極め，なかなか古典をじっくり読んで吟味したり，学説と学説の関係を深慮したり，学説の意義を歴史的状況の中において考えたり，といったことが地味過ぎたり，業績評価に繋がらなかったりすることによって，徐々に敬遠されている事実もわれわれはこれを率直に承認せざるを得ないのである。このような風潮の中で，古典ないし重要な理論を再度振り返り，現代的意味を考えてみる研究方法によって，迂回ながらも研究の幅が広がり，新たな突破口も見えてくるであろう。経営学史学会という場は，その手段のひとつを提供しているのである。その学会の成果を披露する役目を担う年報が，それを手に取った若手研究者が進んで会員になろうという気持ちになる媒体でありたいと切に願う次第である。

（渡辺敏雄　記）

THE ANNUAL BULLETIN
of
The Society for the History of Management Theories

No. 25 May, 2018

The Challenge of the Historical Studies of Management Theories

Contents

Preface

Nobuo KATSUBE (Senshu University)

I Meaning of the Theme

II The Challenge of the Historical Studies of Management Theories

1 The Challenge of the Historical Studies of Management Theories: Its Meaning

Masahiko YOSHIHARA (Aomori Chuo Gakuin University)

2 The Significance of the History of Management Theories from a Practical Perspective

Yuji KAJIWAKI (Ryukoku University)

3 The Practical Characteristic of Management Theory and a Plan of Management-Education Theory

Hirokazu TSUJIMURA (Chubu University)

4 The “Scientism” of the Studies of Management Theories and the Empirical Studies: The Significance of the Historical Studies of Management Theories

Nobuo KATSUBE (Senshu University)

Abstracts

The Challenge of the Historical Studies of Management Theories: Its Meaning

Masahiko YOSHIHARA (Aomori Chuo Gakuin University)

The general theme of the 25th National Convention of The Society for the History of Management Theories is "The Challenge of the Historical Studies of Management Theories." The aim of the theme is to ask what the significance of historical studies of management theories is, in view of the current situation of prosperity of empirical research. This paper makes clear how management theory has progressed in relation to the transitions of science view.

The history of management theories has been caught by two streams, which are "the science of Management" and "the philosophy of Management." However, based on the trend of the New Scientific Philosophy from the 1970s, we point out the following significant subjects for Management Theory as the science. First, it is important to discuss the existence of Management in the real world. Second, we cannot separate the conceptual scheme from the existence. Lastly, we propose that the meaning of the challenge is "Challenge to Science."

The Significance of the History of Management Theories from a Practical Perspective

Yuji KAJIWAKI (Ryukoku University)

In this paper, I examine the significance of the history of management theories (HMT) in terms of practice. This study presents reasons why professionals need to learn HMT in today's society. I begin with defining the term "practice." We can understand "practice" as a learning process in light of pragmatism and organizational learning theory. From this definition, when we take the significance of HMT into consideration, it seems appropriate to think that HMT in a general sense serves three purposes: 1. justification 2. relativization 3. imagination. Especially, the most important part of this argument is that the purposes of relativization and imagination can help professionals sense a blind spot in present conditions and revise the existing thinking framework on which solutions to problems faced by professionals are based. Therefore, professionals will be able to create new ideas and adapt their way of responding more complex circumstances. Finally, we point out the possibilities of organizational history, and suggest that we will have to undertake dialogue with professionals and researchers in other areas even more than ever.

The Practical Characteristic of Management Theory and a Plan of Management-Education Theory

Hirokazu TSUJIMURA (Chubu University)

In this paper, a pilot model of "management-education theory" which has long been left unsolved will be discussed. The aim is the proof that the practical characteristic of management theory is in management-education.

The first to be noticed is the deduction that management-education theory is leaded by the central hypothesis of management-art, that is "MA=MC×N-MC" Model. It has followed that the concept of management-education theory gets clear and three requisites for it (the synchronization with management-ability concept, the user of management-education theory, and the reflection) are suggested. "Case-method" which is a symbolic tool of management-education, is the second factor to be considered. In comparison with management-education theory, new ideas concerning the method will be suggested. Finally, the whole system of management-education theory will be tentatively formulated.

The "Scientism" of the Studies of Management Theories and the Empirical Studies: The Significance of the Historical Studies of Management Theories

Nobuo KATSUBE (Senshu University)

In this paper, I try to analyze the meaning of "scientism" in management studies, and also clarify the significance of the historical studies of management theories. During the past several decades, the mainstream of the studies of management theories rapidly shifted to the empirical studies which have been considered to be most scientific. A similar tendency can be seen in the field of management studies in Japan. We can grasp this as the progress of "scientism." However, in real business world, managers do not always believe and adopt management theories even if taking the empirical approaches. The empirical approach has apparently a limit to analyze the essence of management phenomena. History, philosophy, ethics, norms of business are also necessary for the development of the study of management theories. It is required the integration of the empirical studies and the historical studies.

Narrating the History of Management Theories

Motokazu UDAGAWA (Saitama University)

The purpose of this paper is to discuss the potentiality of narrative perspective on historical researches on management theories. Historical researches on management theories have been constructing theoretical system of management thought. These researches have clarified the importance of focal theory in the theoretical system and provide coordinate axes of theories for researchers and practitioners. However, our business societal drastic changes blurring the importance of conventional way of researches. In this regard, this paper tries to discuss the potentiality of narrative perspective to figure out the narrative aspect. Narrative perspective contributes to reinvent the importance of historical researches on management theories. In addition, this paper emphasizes the importance of cross-border activity which provides opportunity for researchers to retelling their researches. This paper focuses on wildfire activity (Engeström, 2009) which clarify the sustainable relationship between heterogeneous actors.

経営学史研究の挑戦
経営学史学会年報　第 25 輯

2018 年 5 月 18 日　第 1 版第 1 刷発行　　検印省略

編　者　経　営　学　史　学　会
発行者　前　野　　隆
発行所　株式会社　文　眞　堂
東京都新宿区早稲田鶴巻町 533
電　話　03（3202）8480
FAX　03（3203）2638
〒162-0041 振替00120-2-96437

印刷・平河工業社／製本・イマヰ製本所

URL. http://keieigakusi.info/
http://www.bunshin-do.co.jp/
落丁・乱丁本はおとりかえいたします
定価はカバー裏に表示してあります
ISBN978-4-8309-4996-8　C3034

●好評既刊

経営学の位相　第一輯

●主要目次

経営学の巨人　第二輯

●主要目次

Ⅱ　経営学史論攷

1　アメリカ経営学史の方法論的考察　三井 泉
2　組織の官僚制と代表民主制　奥田幸助
3　ドイツ重商主義と商業経営論　北村健之助
4　アメリカにみる「キャリア・マネジメント」理論の動向　西川清之

Ⅲ　人と業績

1　藻利重隆先生の卒業論文　三戸 公
2　日本の経営学研究の過去・現在・未来　儀我壮一郎
3　経営学生成への歴史的回顧　鈴木和蔵

Ⅳ　文　献

日本の経営学を築いた人びと　第三輯

●主要目次

Ⅰ　日本の経営学を築いた人びと

一　上田貞次郎――経営学への構想――　小松 章
二　増地庸治郎経営理論の一考察　河野大機
三　平井泰太郎の個別経済学　眞野 脩
四　馬場敬治経営学の形成・発展の潮流とその現代的意義　岡本康雄
五　古林経営学――人と学説――　門脇延行
六　古林教授の経営労務論と経営民主化論　奥田幸助
七　馬場克三――五段階説、個別資本説そして経営学――　三戸 公
八　馬場克三・個別資本の意識性論の遺したもの　川端久夫
――個別資本説と近代管理学の接点――
九　山本安次郎博士の「本格的経営学」の主張をめぐって　加藤勝康
――Kuhnian Paradigmとしての「山本経営学」――
十　山本経営学の学史的意義とその発展の可能性　谷口照三
十一　高宮　晋―経営組織の経営学的論究　鎌田伸一
十二　山城経営学の構図　森本三男
十三　市原季一博士の経営学説――ニックリッシュとともに――　増田正勝
十四　占部経営学の学説史的特徴とバックボーン　金井壽宏
十五　渡辺銕蔵論――経営学史の一面――　高橋俊夫
十六　生物学的経営学説の生成と展開　裵 富吉
――暉峻義等の労働科学：経営労務論の一源流――

Ⅱ　文　献

アメリカ経営学の潮流　**第四輯**

●主要目次

経営学研究のフロンティア　**第五輯**

●主要目次

経営理論の変遷　第六輯

●主要目次

十二　バーナード理論のわが国への適用と限界　大平義隆

十三　非合理主義的概念の有効性に関する一考察　前田東岐

——ミンツバーグのマネジメント論を中心に——

十四　オートポイエシス——経営学の展開におけるその意義——　藤井一弘

十五　組織文化の組織行動に及ぼす影響について　間嶋崇

——E・H・シャインの所論を中心に——

Ⅳ　文　献

経営学百年——鳥瞰と未来展望——　第七輯

●主要目次

Ⅰ　経営学百年——鳥瞰と未来展望——

一　経営学の主流と本流——経営学百年、鳥瞰と課題——　三戸公

二　経営学における学の世界性と経営学史研究の意味　村田晴夫

——「経営学百年——鳥瞰と未来展望」に寄せて

三　マネジメント史の新世紀　ダニエル・A・レン

Ⅱ　経営学の諸問題——鳥瞰と未来展望——

四　経営学の構想——経営学の研究対象・問題領域・考察方法——　万仲脩一

五　ドイツ経営学の方法論吟味　清水敏允

六　経営学における人間問題の理論的変遷と未来展望　村田和彦

七　経営学における技術問題の理論的変遷と未来展望　宗像正幸

八　経営学における情報問題の理論的変遷と未来展望　伊藤淳巳・下﨑千代子

——経営と情報——

九　経営学における倫理・責任問題の理論的変遷と未来展望　西岡健夫

十　経営の国際化問題について　赤羽新太郎

十一　日本的経営論の変遷と未来展望　林正樹

十二　管理者活動研究の理論的変遷と未来展望　川端久夫

Ⅲ　経営学の諸相

十三　M・P・フォレット管理思想の基礎　杉田博

——ドイツ観念論哲学における相互承認論との関連を中心に——

十四　科学的管理思想の現代的意義　藤沼司

——知識社会におけるバーナード理論の可能性を求めて——

十五　経営倫理学の拡充に向けて　岩田浩

——デューイとバーナードが示唆する重要な視点——

十六　H・A・サイモンの組織論と利他主義モデルを巡って　髙巖

——企業倫理と社会選択メカニズムに関する提言——

組織管理研究の百年　第八輯

●主要目次

IT革命と経営理論　第九輯

●主要目次

現代経営と経営学史の挑戦
――グローバル化・地球環境・組織と個人――　第十輯

●主要目次

経営学を創り上げた思想　第十一輯

●主要目次

ガバナンスと政策――経営学の理論と実践――　第十二輯

●主要目次

企業モデルの多様化と経営理論　第十三輯

——二十一世紀を展望して——

●主要目次

経営学の現在——ガバナンス論、組織論・戦略論——　第十四輯

●主要目次

Ⅰ　経営学の現在

十五　リーダーシップ研究の視点　　薄羽哲哉
——リーダー主体からフォロワー主体へ——
十六　チャールズ・バベッジの経営思想　　村田和博
十七　非営利事業体ガバナンスの意義と課題について　　松本典子
——ワーカーズ・コレクティブ調査を踏まえて——
十八　ＥＵと日本におけるコーポレート・ガバナンス・コデックスの比較　　ラルフ・ビーブンロット

Ⅲ　文　献

現代経営学の新潮流——方法、CSR・HRM・NPO——　第十五輯

●主要目次

Ⅰ　経営学の方法と現代経営学の諸問題

一　経営学の方法と現代経営学の諸問題　　小笠原英司
二　組織研究の方法と基本仮定——経営学との関連で——　　坂下昭宣
三　経営研究の多様性とレレヴァンス問題　　長岡克行
——英語圏における議論の検討——
四　経営学と経営者の育成　　辻村宏和
五　わが国におけるCSRの動向と政策課題　　谷本寛治
六　ワーク・ライフ・バランスとHRM研究の新パラダイム　　渡辺　峻
——「社会化した自己実現人」と「社会化した人材マネジメント」——
七　ドラッカー学説の軌跡とNPO経営学の可能性　　島田　恒

Ⅱ　論　攷

八　バーナード組織概念の再詮議　　川端久夫
九　高田保馬の勢力論と組織　　林　徹
十　組織論と批判的実在論　　鎌田伸一
十一　組織間関係論における埋め込みアプローチの検討　　小橋　勉
——その射程と課題——
十二　実践重視の経営戦略論　　吉成　亮
十三　プロジェクトチームのリーダーシップ　　平井信義
——橋渡し機能を中心として——
十四　医療における公益性とメディカル・ガバナンス　　小島　愛
十五　コーポレート・ガバナンス論におけるExit・Voice・Loyaltyモデルの可能性　　石嶋芳臣
十六　企業戦略としてのCSR　　矢口義教
——イギリス石油産業の事例から——

Ⅲ　文　献

経営理論と実践　第十六輯

●主要目次

Ⅰ　趣旨説明――経営理論と実践　第五期運営委員会

Ⅱ　経営理論と実践

一　ドイツ経営学とアメリカ経営学における理論と実践　高橋由明

二　経営理論の実践性とプラグマティズム　岩田浩

――ジョン・デューイの思想を通して――

三　ドイツの経営理論で、世界で共通に使えるもの　小山明宏

四　現代CSRの基本的性格と批判経営学研究の課題・方法　百田義治

五　経営〝共育〟への道　齊藤毅憲

――ゼミナール活動の軌跡から――

六　経営学の研究者になるということ　上林憲雄

――経営学研究者養成の現状と課題――

七　日本におけるビジネススクールの展開と二十一世紀への展望　高橋文郎　中西正雄　高橋宏幸　丹沢安治

Ⅲ　論　攷

八　チーム医療の必要性に関する試論　渡邉弥生

――「実践コミュニティ論」の視点をもとにして――

九　OD（組織開発）の歴史的整理と展望　西川耕平

十　片岡説と構造的支配－権力パラダイムとの接点　坂本雅則

Ⅳ　文　献

経営学の展開と組織概念　第十七輯

●主要目次

Ⅰ　趣旨説明――経営理論と組織概念　第六期運営委員会

Ⅱ　経営理論と組織概念

一　経営理論における組織概念の生成と展開　庭本佳和

二　ドイツ経営組織論の潮流と二つの組織概念　丹沢安治

三　ヴェーバー官僚制論再考　小阪隆秀

――ポスト官僚制組織概念と組織人の自由――

危機の時代の経営と経営学　**第十八輯**

●主要目次

九　経営税務論と企業者職能――投資決定に関する考察――　関野　賢

十　ドイツ経営経済学の発展と企業倫理の展開　山口尚美

――シュタインマン学派の企業倫理学を中心として――

Ⅳ　文　献

経営学の思想と方法　第十九輯

●主要目次

Ⅰ　趣旨説明――経営学の思想と方法　第6期運営委員会

Ⅱ　経営学の思想と方法

1　経営学の思想と方法　吉原正彦

2　経営学が構築してきた経営の世界　上林憲雄

――社会科学としての経営学とその危機――

3　現代経営学の思想的諸相　稲村　毅

――モダンとポストモダンの視点から――

4　科学と哲学の綜合学としての経営学　菊澤研宗

5　行為哲学としての経営学の方法　庭本佳和

Ⅲ　論　攷

6　日本における経営学の思想と方法　三戸　公

7　組織の自律性と秩序形成の原理　髙木孝紀

8　HRM研究における研究成果の有用性を巡る一考察　櫻井雅充

――プラグマティズムの真理観を手掛かりにして――

9　起業を成功させるための起業環境分析　大久保康彦

――モデルの構築と事例研究――

10　「実践の科学」としての経営学　桑田耕太郎

――バーナードとサイモンの対比を通じて――

11　アクション・サイエンスの発展とその意義　平澤　哲

――経営現象の予測・解釈・批判を超えて――

12　マズローの思想と方法　山下　剛

Ⅳ　文　献

経営学の貢献と反省――二十一世紀を見据えて――　第二十輯

●主要目次

Ⅰ　趣旨説明――経営学の貢献と反省――21世紀を見据えて　第7期運営委員会

Ⅱ　経営学の貢献と反省――21世紀を見据えて

経営学の再生――経営学に何ができるか――　**第二十一輯**

●主要目次

現代経営学の潮流と限界——これからの経営学——　第二十二輯

●主要目次

経営学の批判力と構想力　第二十三輯

●主要目次

3　経営管理論形成期における H. S. デニスンの「長期連帯主義」思想
中川誠士

4　制度化された経営学の批判的検討　桑田耕太郎
――『制度的企業家』からのチャレンジ――

5　管理論・企業論・企業中心社会論　渡辺敏雄
――企業社会論の展開に向かって――

Ⅲ　論　攷

6　コントローリングの導入と普及　小澤優子

7　「トランス・サイエンス」への経営学からの照射　藤沼司
――「科学の体制化」過程への経営学の応答を中心に――

8　新制度経済学の思想的基盤と新自由主義　高橋由明

9　組織能力の形成プロセス――現場からの環境適応――　庭本佳子

10　組織不祥事研究のポリティカル・リサーチャビリティ　中原翔
――社会問題の追認から生成に向けて――

Ⅳ　文　献

経営学史研究の興亡　第二十四輯

●主要目次

Ⅰ　趣旨説明――経営学史研究の興亡　第8期運営委員会

Ⅱ　経営学史研究の興亡

1　経営学史研究の興亡　池内秀己

2　「歴史学的視点から見た経営学史」試考　藤井一弘

3　経営学史研究の意義と方法　海道ノブチカ

4　経営学における物質性概念の行方：社会構成主義の陥穽を超えて
松嶋登

5　M. P. Follett 思想における Pragmatism と Pluralism　三井泉
――その意味と可能性――

6　ホーマン学派の「秩序倫理」における企業倫理の展開　柴田明
――理論的発展とその実践的意義について――

Ⅲ　論　攷

7　グローバルリーダー研究の学史的位置づけの検討　島田善道

8　ダイナミック・ケイパビリティ論の企業家論的展開の課題と
その解消に向けて　石川伊吹
――David, Harper の企業家論を手がかりに――